James Chace war viele Jahre lang in leitender Funktion bei dem amerikanischen außenpolitischen Magazin *Foreign Affairs* tätig. Während dieser Zeit bereiste er immer wieder Lateinamerika, Ost- und Westeuropa und die Sowjetunion. Heute arbeitet er bei der *New York Times.*

Vollständige Taschenbuchausgabe 1987
Droemersche Verlagsanstalt Th. Knaur Nachf., München
Lizenzausgabe mit freundlicher Genehmigung des
Kindler Verlages, München

Titel der Originalausgabe »Endless War«

Aus dem Amerikanischen von Karl-Heinz Siber
Umschlaggestaltung Adolf Bachmann
Umschlagfoto Studio Schmatz
Druck und Bindung Ebner Ulm
Printed in Germany 5 4 3 2 1
ISBN 3-426-03841-2

James Chace: Krieg ohne Ende

Die Machtpolitik der USA in Mittelamerika

Mit einem Vorwort von Ulrich Wickert

Knaur®

VORWORT

Wer sich in die fein verästelten Windungen der Weltpolitik versenkt, wer Geschichte über Jahrzehnte, gar über Jahrhunderte verfolgt und Ursachen mit Ergebnissen verflicht, verliert leicht – auch bei kritischer Betrachtung – vor abstrakten politischen, manchmal macchiavellistischen Entscheidungen und Taten den Menschen aus dem Auge, den nämlich, der dieser Geschichte häufig unschuldig zum Opfer fällt.
Wie kaum in einem anderen Regionalkonflikt spielen Oligarchie, Militär und die Großmacht USA ihre Schachpartie in Mittelamerika nicht nur ungeachtet der Leiden der Bevölkerung, sondern auf Kosten des Lebens Zigtausender unbeteiligter Indianer und Bauern. Während in El Salvador Todesschwadronen willkürlich zum Morden ausziehen, werden in Guatemala systematisch ganze Indianerdörfer hingeschlachtet. In beiden Ländern verfolgt man das gleiche Ziel: Angst und Schrecken zu verbreiten, um Unbeteiligte davon abzuhalten, sich zu beteiligen – nämlich der Guerilla Unterschlupf zu gewähren. Aber auch das angelesene Wissen von diesen Mordkommandos, die Hunderte, gar Tausende auf dem Gewissen haben, ersetzt nicht die Begegnung mit nur einem Opfer. Verdeutlichen mag dies ein Schlaglicht auf zwei im Hinblick auf die Größe des Konflikts nebensächliche Erlebnisse, die mir, aus meiner Zeit als UNO-Korrespondent und Berichterstatter über die Entwicklung in Zentralamerika, nicht aus dem Sinn gehen.
Das eine Mal begegnete ich einem etwa dreizehnjährigen Mädchen, das in Guatemala ein Massaker überlebt hatte. Fast die gesamte Bevölkerung ihres Dorfes war vom Militär ermordet worden, weil die Regierung unter General Rios Montt beschlossen hatte, sämtliche Dörfer dem Erdboden gleichzumachen, deren Bewohner aktiv in den Anti-Guerillakampf eingriffen.

Das dreizehnjährige Mädchen brauchte von ihrer Leidensgeschichte nicht viel zu erzählen. Man sah ihr an, was geschehen war. Die Soldaten hatten nicht nur geschossen, sondern auch wild mit Macheten auf die Menschen eingeschlagen. Und die Verletzungen des Kindes ließen die Mordenden wahrscheinlich glauben, daß es tot wäre. Man sieht die verheilten Wunden: einen Teil des Schädelknochens am Hinterkopf hat die Machete weggehackt. Und die linke Hand wurde zur Hälfte vom Arm getrennt und verkrüppelt. Aber auch das ist geheilt. Das Mädchen versteht heute noch nicht, warum es geschah.

Eine Begegnung hatte ich mit einem siebzehnjährigen Dorfjungen, der als einziger seines Clans den Mordkommandos entkommen war. Tagelang schlug er sich durch, bis er die mexikanische Grenze überquert hatte und sich in Sicherheit fühlte. Für eine Live-Fernsehsendung setzte ich ihn einem der UNO-Botschafter der USA im Fernsehstudio der Vereinten Nationen gegenüber. Die häufig stockenden, nüchternen Schilderungen dieses vollkommen unverbildeten Bauernjungen schufen in dem mit amerikanischen Personal besetzten Fernsehstudio eine über das normale Maß von Ruhe hinausgehende beklemmende Stille. Nur jener, der die großen Züge der amerikanischen Zentralamerika-Politik im Sinn hatte, gab sich unberührt teilnahmslos.

Denn: Nicht um einen Bauernjungen geht es den USA, nicht um sein – leider vernichtetes – Dorf, noch nicht einmal nur um Guatemala, El Salvador oder Nicaragua. Es geht mit ganz Zentralamerika um weltpolitischen Einfluß. Wie lange schon der Anspruch der erst in den letzten achtzig Jahren zur heutigen Großmacht gewachsenen USA auf Latein-, besonders aber Mittelamerika gestellt wird, verdeutlicht James Chace in seinem Buch *Krieg ohne Ende*. Er erläutert die Hintergründe aus der amerikanischen Geschichte, warum gerade jetzt, zu einem Zeitpunkt, an dem die Vereinigten Staaten den Verlust an weltpolitischem Einfluß wettmachen wollen, der Konflikt in und um Zentralamerika neu entflammt ist.

Zentralamerika, eigentlich stets Hinterhof der USA, Geburtsstätte von Bananenrepubliken, ganz in der Hand amerikanischer »Companies«, bedurfte kaum politischer Aufmerksamkeit von seiten Washingtons, schickte man doch einfach eine Militäreinheit, wenn – wie geschehen – jemand sich weigerte, das Sternenbanner zu ehren. So sah es die Weltöffentlichkeit noch bis in die Mitte der sechziger Jahre hinein. Doch dann veränderte sich die weltpolitische Konstellation, was den USA – in den siebziger

Jahren zu sehr mit sich selbst beschäftigt – erst Anfang der achtziger Jahre aufging. Hatte seit Gründung der Vereinten Nationen fast zwanzig Jahre lang meist die absolute Mehrheit der UNO-Mitglieder als Block hinter den USA gestanden, so fanden sie sich plötzlich als Großmacht weitgehend allein, unterstützt zwar von Verbündeten, die sich jedoch ab und zu kritische Gedanken und eine selbständige Stimmabgabe vorbehielten – besonders Großbritannien und Frankreich. Die Dritte Welt, inzwischen entkolonisiert, stellte plötzlich die Mehrheit im Plenum am East River – und, wenn auch nicht sowjetisch gesteuert, so erlitten die USA doch Abstimmungsniederlagen, die in Washington wie Demütigungen empfunden wurden.
Gleichzeitig mit dieser Entwicklung mußte die Regierung in Washington erfahren, daß ihr fast absoluter wirtschaftlicher, militärischer und politischer Einfluß in den meisten lateinamerikanischen Staaten zurückfiel auf den Stand von vor 1920, als die Vereinigten Staaten in dieser Region zwar den größten, aber keinen ausschließlichen Einfluß hatten.
Genauso wie die unangefochtene Vorherrschaft der USA in der westlichen Hemisphäre zerbrochen ist, haben auch lateinamerikanische Länder ihre wirtschaftlichen, militärischen und kulturellen Beziehungen diversifiziert. Der Anteil der US-Exporte nach Lateinamerika fiel von 48 Prozent im Jahr 1950 auf 34 Prozent 1980. Von 800 Militärberatern 1965 blieben 1983 weniger als 300 in dieser Gegend. Ende der siebziger Jahre hatten vier, fünf andere Länder die USA im Export schwerer Waffen nach Lateinamerika überflügelt. Nicht nur die Sowjetunion, auch Japan und die Bundesrepublik Deutschland haben ihre Präsenz in Zentral- und Südamerika spürbar ausgeweitet. Gerade die Bundesrepublik hat mit ihren Lieferungen von Ausrüstungsanlagen für die Atomindustrie, aber auch mit dem Know how für schwere Waffen und durch die sehr viel verstecktere Einflußnahme über politische Organisationen wie Konrad-Adenauer- oder Friedrich-Ebert-Stiftung merklichen Einfluß gewonnen.
Keine der letzten US-Regierungen brachte es fertig, eine systematische Latein- und Zentralamerika-Politik zu betreiben. Präsident Lyndon B. Johnson schickte US-Truppen in die Dominikanische Republik und kümmerte sich ansonsten nicht um den Einflußverfall. Nixon intervenierte zwar in Chile, hielt sich jedoch anderwärtig zurück. Die Carter-Regierung erkannte die Fortentwicklung Lateinamerikas, unternahm einige Schritte, um lateinamerikanischen Ländern den Zugang zu Exportmärkten zu

erleichtern, befürchtete dann jedoch, damit kleinere US-Firmen zu benachteiligen, und schreckte deshalb ebenfalls vor einer systematischen Neuordnung zurück.
Ronald Reagan schließlich, der Präsident, der auf Grund seiner kalifornischen Herkunft eine nähere Beziehung zu Lateinamerika hat, der seiner Politik eine strategische Vision zugrunde legte, handelt nicht aus Verständnis für die lateinamerikanische Evolution, sondern nach veralteten, in *Krieg ohne Ende* detailliert beschriebenen politischen Grundsätzen. Die in Gang gekommene Entwicklung in Lateinamerika wird sogar negiert, und Washington scheint zurückgekehrt zu sein zur »big stick«-Politik, die man längst überwunden glaubte. Reagan versuchte die alte Vorherrschaft der USA mit Machtdrohungen gegenüber Abspenstigen, mit Sicherheitspakten, mit finanzieller Hilfe für Willige und mit untergründigen Aktionen gegen ganz widerspenstige Anti-Amerikaner zurückzugewinnen. Doch die meisten der Unternehmungen dieser Art blieben erfolglos, besonders gegenüber den großen Ländern. Im April 1983 ließen die brasilianische und die mexikanische Regierung Washington wissen, daß sie einer US-Intervention in Mittelamerika nicht zustimmen würden. Reagans Elefantenschlag gegen die Maus Grenada beruhigte zwar Miniinseln der Karibik und Länder wie Honduras oder El Salvador, doch Brasilien und andere Staaten wurden weiter entfremdet.
Reagans Machtpolitik lenkt von den wirklichen Problemen der Region ab und verschwendet die zu ihrer Lösung notwendigen Energien, trifft doch die tiefgreifende Finanzkrise einiger größerer lateinamerikanischer Staaten die interamerikanische Sicherheit mehr als einige linke Guerillakämpfer. Und wahrscheinlich wird der Verfall des amerikanischen Einflusses in der westlichen Hemisphäre durch die jetzige Entwicklung in Mittel- und Lateinamerika noch beschleunigt werden, es sei denn, die Vereinigten Staaten ringen sich zu einer Politik durch, die zur Bewältigung der Geldmarktabhängigkeit von den USA führt.
Dem europäischen Betrachter fällt es aus mehreren Gründen nicht leicht, politische Entwicklungen und Entscheidungen in Washington zu verstehen. Nicht nur Strömungen, Glaubenssätze und Handlungsweisen der letzten zweihundert Jahre bestimmen amerikanische Politik, nicht Republikaner oder Demokraten geben Richtlinien für das zu Erwartende vor, die nachzulesen wären wie das Parteiprogramm der Sozialisten in Frankreich, der Tories in Großbritannien oder der CDU in der Bundesrepublik,

um herauszufinden, wes Geistes Kind mit welchem Anspruch regiert. Politik in den Vereinigten Staaten ist sehr viel stärker als in Europa abhängig von Einzelpersonen, die häufig nicht durch die politische Tretmühle gegangen sind. Diejenigen, die heute die Außenpolitik der USA dirigieren, sind ein Präsident, der Politik immer noch durchs Politikmachen lernt, ein Außenminister, der bis zu seinem Amtsantritt noch in keinem parlamentarischen Ausschuß mit der Außenpolitik beschäftigt gewesen war und auch nie für eine Partei als außenpolitischer Sprecher fungierte, sondern Außenpolitik nur als Chef eines der größten amerikanischen multinationalen Konzerne erlebte, und schließlich eine UNO-Delegierte, die als Professorin Außenpolitik ausschließlich auf dem Papier betrieb, bis sie in die Entscheidungsgremien berufen wurde.

Diejenigen dagegen, die in Washington seit Jahren berufsmäßig mit der Süd- und Mittelamerika-Politik beschäftigt waren, unterlagen der neuen Führungsriege, die von ihren politischen Gesprächspartnern und Kollegen eher als laienhaft angesehen und auch manchmal abfällig so genannt wird – allerdings nur, wenn man ganz unter sich ist. Denn peinlich für einen Außenminister aus Europa muß es schon sein, empfindet er seine Gesprächspartner in Washington als Lehrlinge – die dennoch die Politik bestimmen.

Amerikanische Berufsdiplomaten in Mittelamerika hatten einen recht guten Einblick in die Entwicklungen, waren manchmal sogar kritisch eingestellt gegen die Politik aus Washington. Im November 1980 sagte der damalige US-Botschafter in Nicaragua, Lawrence Pezullo, in Anbetracht der zu erwartenden Mittelamerika-Politik des gerade neu gewählten Ronald Reagan: »Die ideologischen Scheuklappen werden uns zu Fehlern verführen. Vielleicht läßt man die einfach Lateinamerika auffressen. Das ist immer noch billiger als andere Gegenden wie den Nahen Osten, die Sowjetunion oder China, wo kein Präsident großen Raum für einen Wechsel in der Politik hat.«*Andere redeten weniger zynisch, meinten aber das gleiche. Mister Pezullo verließ inzwischen den amerikanischen diplomatischen Dienst.

Ein anderer, der schließlich abgelöst wurde, war Thomas Enders, der im Rang eines »Assistant Secretary for Latin America« – entsprechend etwa einem deutschen Staatssekretär im Auswärtigen Amt – die Mittelamerika-Politik Washingtons weitgehend

---

*Christopher Dickey in *Foreign Affairs*, Vol 62, No. 3, S. 659

bearbeitete. Enders war keineswegs das, was man aus der Sicht eines Reagan-Anhängers einen »aufgeweichten Demokraten« nennen würde. Im Gegenteil, Enders hatte sich bei Demokraten durch seinen diplomatischen Einsatz in Kambodscha in den frühen siebziger Jahren – also gegen Ende des amerikanischen Engagements in Indochina – den Ruf eines harten Rechten erworben. Thomas Enders, ein Karriere-Diplomat, hatte ursprünglich keine Lateinamerika-Erfahrung, galt jedoch stets als zäher politischer Realist. Sogar mit der Sandinisten-Regierung in Nicaragua versuchte Enders zu verhandeln und glaubte selbst noch nach dem Scheitern der Gespräche, daß gegen das unter »marxistisch-leninistischem« Einfluß stehende Nicaragua eine direkte militärische Intervention keinesfalls gerechtfertigt sei. Noch weniger also sei ein militärisches Eingreifen in anderen mittelamerikanischen Staaten erlaubt. Enders' politische Linie sah zwar eine Isolierung der nicaraguanischen Revolutionsregierung vor, damit in dieser Region neben Kuba kein weiterer Stützpunkt Moskaus entstehen würde, doch dieses Ziel sollte mit politischen Mitteln erreicht werden. Die innenpolitische Entwicklung Nicaraguas blieb weitgehend den Sandinisten überlassen – da wollte Enders keinen Einfluß nehmen. Anders jedoch seine Gegner in Washington. Der damalige Sicherheitsberater von Reagan, Judge Clark, und die US-UNO-Delegierte Jeane Kirkpatrick widersprachen dieser Politik heftig und drängten Reagan, Enders abzulösen. Auch Judge Clark war ein politischer Laie – bis er mit Reagan ins Weiße Haus zog. Kurz nach der Entlassung Enders', im Sommer 1983, wurde eine noch härtere Gangart eingeschaltet, die nicht mehr von Politprofessionellen, sondern von Ideologen bestimmt wurde. Eine Ideologie, die Chace im zweiten Teil dieses Buches ausführlich beschreibt. Eine Kriegsarmada wurde vor die Küsten Mittelamerikas in Marsch gesetzt, das Trainingsprogramm für Regierungstruppen aus El Salvador in Honduras wurde ausgeweitet, und gemeinsam mit der Armee von Honduras wurden umfangreiche Manöver veranstaltet.

Ganz so leichtsinnig wie zu Zeiten, in denen allein durch die Konkurrenz zweier Zeitungszaren – Joseph Pulitzer gegen William Randolph Hearst – ein Krieg, nämlich der Spanisch-Amerikanische (in einer Schlagzeile von Hearst auch »The Journal's War« genannt), entfacht werden konnte, ganz so leichtsinnig können Washingtons Politiker heute jedoch nicht mehr agieren – sie haben dazugelernt; aber auch neue Machtmittel sind ihnen in den letzten Jahrzehnten zugewachsen, insbesondere der immer mächtiger gewordene amerikanische Geheimdienst CIA, der in Guatemala den demokratisch gewählten Präsidenten Jacobo Arbenz absetzte und statt dessen das Militär mit Castillo Armas an die Macht brachte und so eine lange Reihe dümmlicher Offiziere regieren ließ. Von dem Erfolg dieser Aktion angesteckt, glaubten John Foster Dulles, General Eisenhower und Vizepräsident Nixon, Fidel Castro mit den gleichen Methoden beseitigen zu können, und bereiteten vor, was John F. Kennedy in seinen ersten Amtsmonaten ungeschickt genug war auszuführen: die Landung in der Schweinebucht.

Doch schon im Wahlkampf versprach Kennedy eine Wende in der Lateinamerika-Politik. Hatte Eisenhowers Regierung es vorgezogen, rechtsgerichtete Diktaturen zu unterstützen, die sich durch den CIA leiten ließen, wollte er als Partner auf die einzelnen Staaten zugehen.

Intellektuell geleitet von progressiven Beratern wie Theodore Sorensen, in der Lateinamerika-Politik besonders von dem damaligen Harvard-Professor Arthur M. Schlesinger, schlug Kennedy schon in seiner Antrittsrede die »Allianz für den Fortschritt« vor. Neu sollte sein, daß Washington uneingeschränkt Demokratien, statt wie bisher Diktaturen unterstützen würde, daß langfristige Darlehen bereitgestellt werden sollten, um das Wirtschaftswachstum in diesen Ländern zu gewährleisten, die Preise zu stabilisieren und um Landreformen durchzuführen. Technische Hilfsprogramme waren ebenso geplant wie Universitätsstipendien. Und nicht zuletzt: In die einzelnen süd- und mittelamerikanischen Staaten sollten Botschafter entsandt werden, die Geschichte und Mentalität dieser Länder kannten. Trotz seines widersprüchlichen Verhaltens, bewiesen durch die Schweinebuchtlandung, die Kennedy übrigens sofort als Fehler einsah, war die Allianz für den Fortschritt kein leeres Versprechen. Um die besonderen Beziehungen zu dieser Region zu beweisen, machte John F. Kennedy dort zahlreiche Staatsbesuche. In den drei Jahren seiner Amtszeit wurde dreimal soviel Geld nach Lateinamerika gepumpt wie in den ganzen sechzehn Jahren davor. Doch er und seine Berater wußten, daß Geld allein nichts grundlegend ändern würde. Stabilität war nur zu erreichen, so war das Ergebnis ihrer Analyse, wenn ungleiche Wirtschaftsverhältnisse abgeschafft und eine politische und soziale Strukturreform durchgeführt würden – was einer Art Revolution gleichkam. So wurde im August 1961 – nur acht Monate nach Kennedys Amtsantritt – in Punta del Este in Uruguay eine Konferenz der lateinamerikanischen Staaten einberu-

fen, die Kennedy unter die Parole stellte: »Wir treffen uns, um durch diese Revolution unsere weitere Zukunft zu gestalten.« Zwanzig Länder verabschiedeten die Charta von Punta del Este, ein so revolutionäres Programm, daß selbst Kuba, vertreten durch Che Guevara, nicht dagegen sein konnte – sondern sich der Stimme enthielt. In den Konferenzräumen meinte man damals scherzhaft, in Amerika gäbe es jetzt zwei linke Regierungen: Kuba und die USA. Die Vereinigten Staaten verpflichteten sich in Punta del Este, 20 Milliarden Dollar für die Verwirklichung dieser »Revolution« zur Verfügung zu stellen. Sinn des fortschrittlichen Programms und der massiven Geldsubvention war auch für Kennedy, das Vordringen des Kommunismus in Lateinamerika zu unterbinden, doch nicht mit militärischen Mitteln. Er wollte die Ursachen beseitigen. Kennedys Programm wurde von seinem Nachfolger Lyndon B. Johnson fallengelassen.
Ob die Allianz für den Fortschritt und die »Revolution« von Punta del Este die Zukunft Süd- und Mittelamerikas anders gestaltet hätten, läßt sich nicht sagen. Arthur Schlesinger meint zurückblickend, es hätte der Unterstützung der demokratischen Kräfte, der fortschrittlichen Parteien in diesen Ländern bedurft, und davon gab es wenig. Manch ein lateinamerikanisches Land stimmte für das Programm, ohne es wirklich mittragen zu wollen, da es für einige autoritäre Regime einen Machtwechsel, für manch herrschende Oligarchie das Ende ihrer rücksichtslosen Ausbeutungspolitik bedeutet hätte – aber zumindest der Ansatz dieser Außenpolitik entsprach einer Großmacht, die sich so sehr als die Verteidigerin der Freiheit in aller Welt versteht.
Die politische Strömung, die John F. Kennedy, später seinen Bruder Robert, eine andere Lateinamerika-Politik fordern ließ, ist nicht tot, im amerikanischen Kongreß etwa wird sie heute zum Beispiel von Edward Kennedy getragen. Wie auch andere Abgeordnete ist er darum bemüht, die Regierungspolitik zu korrigieren.
Europäische Kritiker der Politik Reagans verfallen gelegentlich in eine grundsätzliche Ablehnung der amerikanischen Politik, weil sie diese positiven Ansätze übersehen, vielleicht auch, weil sie die außenpolitische Macht des Präsidenten in Washington unterschätzen. Selbst wenn der Kongreß eine andere Meinung als der Präsident vertritt, ist es bei dessen Exekutivmacht schwer, ihn gerade in der Außenpolitik zu beeinflussen, denn nach der amerikanischen Verfassung zählt sie zu den Prärogativen des Präsidenten – der dagegen innenpolitisch sehr viel weniger Macht hat.

Wie stark der amerikanische Präsident ist, erfahren auch die Europäer immer wieder – wenn sie sich in Mittelamerika anders engagieren, als es die Strategie Washingtons vorsieht. Gerade die sozialistische Regierung Frankreichs hat sich gegenüber Nicaragua bisher sehr viel offener gezeigt als alle anderen westeuropäischen Länder. Es wurden Lastwagen und ähnliches Gerät nach Managua verkauft, das von den USA als »Militärmaterial« eingestuft wird. Auf Initiative von Paris hin begrüßte die Europäische Gemeinschaft den – auch von Nicaragua angenommenen – Contadora-Friedensplan, der vorsieht, Mittelamerika durch Maßnahmen der dortigen Staaten zu stabilisieren und zu befrieden. Nicht nur daß Washington plötzlich den Contadora-Plan ablehnte, weil er, völlig unerwartet, auch von Managua angenommen wurde, nein, auch die europäische Unterstützung der Friedensinitiative wurde kritisiert. Als hätte nur Washington das Recht, sich zu diesem Problem zu äußern. Schon häufig mußte die französische Regierung Klagen seitens Amerikas hören, weil das Pariser Außenministerium Delegierten aus Costa Rica und Nicaragua Konferenzräume im Quai d'Orsay zur Verfügung stellte, damit die beiden mittelamerikanischen Nachbarstaaten auf neutralem Boden ein Abkommen über ihre Grenzstreitigkeiten ausarbeiten können, dessen Bestand Frankreich schließlich auch noch garantieren will.
Wieder einmal ist es soweit, daß die verästelten Windungen der Weltpolitik die betroffenen Menschen trotz aller Mahnungen in den Hintergrund zu drängen scheinen. Dabei gehören auch Amerikaner zu den Opfern, und auch ihr Opfer schafft Widerstand. So arbeitete etwa William P. Ford jahrelang als Rechtsanwalt mit Richard Nixon zusammen – sein Fachgebiet war Aktienrecht, sein Büro lag an der Wallstreet. Heute ist er Aktivist gegen Reagans Mittelamerika-Politik. Der Grund: 1981 brachten sechs Soldaten in El Salvador vier amerikanische Nonnen um, darunter Fords jüngere Schwester. Mit allen Mitteln versuchte der bis dahin unpolitische Ford, die Hintergründe der Tat aufzuhellen und eine Bestrafung der Soldaten zu erreichen. Doch was Ford auch unternahm, er stieß überall auf Widerstand. Die Regierung in Washington versuchte die Mordaffäre in El Salvador zu vertuschen. Seine ermordete Schwester war eine überzeugte Helferin der Armen gewesen, doch leider, so meint William P. Ford, »sieht die amerikanische Regierung hinter jedem verhungerten Kind eine kommunistische Verschwörung, und damit wird jeder Helfer zum Komplizen«. Vor dem amerikanischen Senat hatte

der damalige Außenminister Haig erklärt, die Nonnen hätten in El Salvador eine Straßensperre durchbrochen und seien in dem folgenden Schußwechsel gestorben. Damit wurde unterstellt, sie seien durch eigenes Verschulden ums Leben gekommen. Doch bereits Monate vor Haigs Aussage vor dem Senat wußte die amerikanische Regierung, daß die Nonnen durch Schüsse in den Hinterkopf, und zwar aus dreißig Zentimeter Entfernung, getötet worden waren – nachdem die Soldaten sie vergewaltigt hatten. »Weshalb belügt ein Außenminister der Vereinigten Staaten den Kongreß?« fragt William P. Ford. »Schließen wir einmal aus, daß er ein geborener Lügner ist, so kann der Grund für die Lüge nur darin liegen, daß der Tod der Frauen die Ausführung amerikanischer Politik stört und daß die Vereinigten Staaten einem verbündeten Staat eine peinliche Untersuchung ersparen möchten.« Gemeinsam mit den Familien der anderen ermordeten Nonnen, unterstützt von der katholischen Kirche in den USA, die jene Frauen nach El Salvador entsandte, entfachte Ford eine große Kampagne gegen Washingtons Mittelamerika-Politik. »Tausende und Abertausende von Menschen werden in El Salvador umgebracht, aber in den letzten fünf Jahren fand dort kein einziger Mordprozeß statt. Genauso entsetzlich, wie der Tod meiner Schwester«, meint Ford, »ist die Tatsache, daß die Regierung der Vereinigten Staaten diese Mörder bewaffnet, ermutigt und unterstützt.« Endless War – ein Krieg ohne Ende.

Nachbemerkung

Wie tief die Macht der amerikanischen Regierung ins Unterbewußtsein mancher Europäer reicht, mag manchen erstaunen. Der oben zitierte Satz von William P. Ford, »Weshalb belügt ein Außenminister der Vereinigten Staaten den Kongreß?«, führte dazu, daß ein Bericht über William P. Fords politische Aktivitäten für die »Tagesthemen« des Deutschen Fernsehens nicht gesendet werden durfte: Man könne – auch als Zitat – einen amerikanischen Außenminister nicht der Lüge zeihen, war das Argument des sozialdemokratischen Chefredakteurs, der die Sendung zensierte.

Ulrich Wickert

ERSTER TEIL

1 Der Stützpunkt der in Honduras stationierten amerikanischen Truppen befindet sich in einem engen Tal, zwei Jeepstunden von der Hauptstadt Tegucigalpa entfernt. Die Berge, um die sich die schmale Straße windet, gleichen denen südlich von San Francisco, an der Straße nach Santa Cruz – schroffe, steil abfallende Flanken, die unten in grüne Wiesen eintauchen. Da die »Gemeinsame Eingreiftruppe« angeblich nur vorübergehend in Honduras operieren soll, hat die 41. Combat Support Group ihr Feldlazarett aus einer Reihe ineinandergehender Zelte errichtet. Für die Ventilatoren der Klimaanlage sind Löcher in die Zeltleinwand geschnitten worden. Im Kompaniehauptquartier schlafen die Männer in gut ausgestatteten Zelten, deren Seitenteile zurückgeschlagen sind, so daß die warme Luft durchziehen kann. Die Hubschrauber und Flugzeuge des 101. Luftlandebataillons wirbeln beim Abheben und Niedergehen auf den staubigen Pisten dichte braune Wolken auf. Die amerikanischen Soldaten – rund 3500 waren es im Herbst 1983 – sind zu gemeinsamen Manövern mit dem honduranischen Heer ins Land gekommen, das ungefähr 12500 Mann unter Waffen hat. Das benachbarte Nicaragua mit seinen 25000 Soldaten und Milizionären (die die größte Streitmacht in der Region darstellen) beobachtet die unweit seiner Grenzen stattfindenden Manöver mit besorgter Aufmerksamkeit. In ei-

nem anderen, formell dem honduranischen Staat unterstellten Stützpunkt, dem Regionalen Militärischen Ausbildungszentrum, bilden die Amerikaner salvadorenische und honduranische Truppen aus und manchmal, wenn vorhanden, auch guatemaltekische.

So imposant diese Zurschaustellung militärischer Macht anmutet, so wenig ist klar, welchem Zweck dies alles dient – weder den Amerikanern zu Hause noch den in Honduras stationierten Soldaten. Ein junger Offizier sagte zu mir: »Und jetzt habe ich eine Frage an Sie: Was tue ich hier?« Ja, was tun wir Amerikaner dort? Es ist eine Frage, die in Anbetracht der langen Leidensgeschichte Mittelamerikas und der erbitterten Diskussionen, die wegen der amerikanischen Präsenz in dieser Region von Zeit zu Zeit entbrannt sind, eine Antwort verdient, ja fordert. Viele Erklärungen sind im Laufe der Jahre angeboten worden – strategische, wirtschaftliche, ideologische –, und auch die Regierung Reagan hat eine eigene Patentantwort kreiert: den Hinweis auf die Gefahr einer sowjetisch-kubanischen Expansion in der Region und die Mahnung, die Vereinigten Staaten müßten, um nicht ihre »Glaubwürdigkeit« als Großmacht einzubüßen, ihre Fähigkeit unter Beweis stellen, die politische Entwicklung innerhalb ihrer eigenen Einflußsphäre unter Kontrolle zu halten. Die Regierung hat darüber hinaus versucht, diese Antworten als neue Erkenntnis auszugeben, um so die Aufblähung des Verteidigungshaushalts und das Umschwenken auf einen härteren Kurs in der Außenpolitik zu rechtfertigen. In Wirklichkeit ist die Mittelamerikapolitik der Regierung Reagan alles andere als eine »neue« Antwort auf eine »akute« Krise; sie ist vielmehr nur die jüngste Spielart einer Politik, die in ihren Grundzügen schon mehr als einhundertfünfzig Jahre alt ist. Der Konflikt in Mittelamerika hat nicht vor fünf und auch nicht vor fünfundsiebzig Jahren begonnen; er hat zu Beginn des 19. Jahrhunderts eingesetzt und sich seither mit so gut wie ununterbrochener Beteiligung der Vereinigten Staaten fortgesetzt.

Wie ist die amerikanische Politik beschaffen, die dieses bedrückende Ergebnis herbeiführen half, diesen scheinbar endlosen Krieg? Hat sie etwas – und wenn ja, wieviel – mit der Förderung der Weiterentwicklung der Demokratie oder auch nur mit der Schaffung wirklicher Stabilität in dieser Region zu tun? Wenn es Washington wirklich um die Erreichung dieser Ziele ginge, müßten die Verantwortlichen dort sich zunächst einmal mit der Wirklichkeit und mit den realen Bedürfnissen der fünf zentralamerikanischen Staaten (Guatemala, El Salvador, Honduras, Nicaragua und Costa Rica) auseinandersetzen. Unsere Politik in Zentralamerika hat sich aber nie aus solchen Analysen abgeleitet, sondern beruhte stets auf Ängsten und Befürchtungen – im wesentlichen auf zwei Ängsten, die seit der Verkündung der Monroe-Doktrin im Jahr 1823 die amerikanische Mittelamerikapolitik bestimmt haben. Die eine ist die Angst vor Revolution oder Instabilität und davor, wie solche Symptome sich auf das Urteil anderer Mächte über die Stabilität und Dynamik der Vereinigten Staaten selbst auswirken könnten. Die zweite (mit der ersten eng zusammenhängende) Angst ist die, daß Revolution und Instabilität in Ländern der amerikanischen Einflußsphäre letzten Endes auf die Vereinigten Staaten selbst übergreifen könnten; diese Angst wurzelt in dem Glauben daran, daß andere Mächte unablässig versuchen, unsere Hemisphäre zu unterwandern, die Völker Mittelamerikas zu ködern oder zu überwältigen und damit unsere Sicherheit zu bedrohen. Diese Ängste beherrschen uns so sehr, daß daneben kaum oder gar kein Platz mehr bleibt für eine Würdigung der Bedürfnisse und Wünsche der Völker Zentralamerikas selbst. Vielmehr lassen wir uns von diesen Ängsten eine Politik diktieren, aufgrund derer wir diese Völker mit oft brutaler Menschenverachtung als bloße

Instrumente oder Objekte unserer eigenen Machtausübung behandeln. So haben wir, sowohl politisch als auch militärisch, wieder und wieder in Mittelamerika interveniert, es zugleich aber in vielen Perioden nicht verstanden, in dieser Region eine wirklich erfolgreiche Außenpolitik zu machen.

Unsere Ängste haben eine zusätzliche Eigentümlichkeit, die unsere Bemühungen doppelt aussichtslos macht: In Mittelamerika sind die Gefahren, vor denen wir uns gefürchtet haben, niemals akut gewesen – jedenfalls nicht so akut, daß eine amerikanische Intervention nötig gewesen wäre. Wir haben in Mittelamerika stets gegen Phantome gekämpft und tun dies auch heute noch. Zur Zeit ist es das Phantom eines sowjetisch-kubanischen Expansionismus; in den zwanziger Jahren unseres Jahrhunderts war es das Phantom der erklärtermaßen linken mexikanischen Revolution; im vergangenen Jahrhundert war es das Phantom des britischen Imperialismus. Zur Abwehr dieser Phantomgefahren haben wir immer wieder »vorbeugend« oder »korrigierend« eingegriffen. In diesem Sinne haben wir nie eine wirkliche »Mittelamerikapolitik« gehabt. Was wir mit Mittelamerika gemacht haben, war stets ein Reflex der Probleme, die wir mit uns selbst hatten.

Die Folge war, daß wir mit unserer praktischen Mittelamerikapolitik gerade das heraufbeschworen, wovor wir uns am meisten fürchteten. Die Demokratie amerikanischer Art steht heute in Mittelamerika auf verlorenem Posten, während unsere Verbündeten wie auch unsere Gegner gleichermaßen bezweifeln, ob wir klug daran tun, eine gescheiterte Politik beharrlich weiter zu verfolgen. Konkurrierende Ideologien (nicht jedoch konkurrierende Mächte) scheinen an Boden zu gewinnen – der Leninismus im sandinistisch regierten Nicaragua, der Marxismus in den Reihen der salvadorenischen Rebellen, ein autoritärer Rechtskonservatismus in Guatemala. Auch in Costa Rica, dem einzigen zentralamerikanischen Staat, der über nennenswerte Zeiträume hinweg demokratisch regiert wurde (und noch wird), sind Anzeichen zu erkennen, die eine gesellschaftliche Zerreißprobe anzukündigen scheinen. Und in Honduras, einer noch jungen und zerbrechlichen, von den Streitkräften geprägten Demokratie, könnte die amerikanische Militärpräsenz, wie José Azcona Hoya, Vorsitzender der regierenden Liberalen Partei, prophezeit hat, »zu einer Polarisierung und Radikalisierung der... Gesellschaft« führen.[1] Wenn dies so ist, weshalb sind wir dann dort? Weil wir, um nochmals Azcona zu zitieren, »etwas befürchten, das sehr wahrscheinlich nicht passieren wird« – damit meinte er den angeblich drohenden Export der Revolution aus Nicaragua.

Die Politik, die die Vereinigten Staaten in den letzten einhundertsechzig Jahren in Mittelamerika betrieben haben, hat nicht nur solche unerwünschten Ergebnisse gezeitigt, sondern auch noch eine andere, vielleicht noch schwerer wiegende Folge: Sie hat immer wieder unsere Wahrnehmungsfähigkeit für die umfassenderen Probleme des lateinamerikanischen Raumes beeinträchtigt. Die geballte Aufmerksamkeit, die die Regierung Reagan derzeit den Staaten Zentralamerikas widmet – insbesondere El Salvador, Nicaragua und Honduras –, hindert Washington de facto daran, sich erfolgversprechend um grundlegendere und wichtigere Probleme dieser Region zu kümmern, Probleme, die nicht nur für Lanteinamerika und für die amerikanische Außenpolitik von großer Bedeutung sind, sondern zunehmend auch wichtigere Implikationen für die innenpolitische Lage in den Vereinigten Staaten haben.

Das vorrangigste unter diesen Problemen ist die Verschuldungskrise. Viele Staaten Lateinamerikas, allen voran Brasilien, Argentinien und Mexiko, stehen bei ausländischen Privatbanken, ausländischen Regierungen und internationalen Kreditvergabe-Institutionen mit riesigen

Beträgen in der Kreide. Nach neueren Schätzungen ist Brasilien mit 93 Milliarden, Argentinien mit 44 Milliarden und Mexiko mit 89 Milliarden Dollar verschuldet.[2] Große Teile des von den Völkern Lateinamerikas erwirtschafteten Einkommens müssen für die Verzinsung und Tilgung dieser Schulden aufgewendet werden. Die meisten der betroffenen Staaten werden zwar nicht ihre Zahlungen einstellen, aber doch sehr wahrscheinlich Obergrenzen für die Rückzahlungsraten festlegen. Für die Kreditgeber hätte dies in jedem Fall beträchtliche Verluste zur Folge; allen voran wären davon die amerikanischen Banken betroffen (am schwersten die Großbanken – möglicherweise könnte es sogar sporadisch zu regelrechten Bankpleiten kommen, wenn dies auch zugegebenermaßen unwahrscheinlich ist) und die amerikanische Staatskasse – und infolge dieses zusätzlichen beträchtlichen Einnahmerückgangs würde das Haushaltsdefizit noch größer werden. Die Hauptleidtragenden wären am Ende die Bürger der Vereinigten Staaten, denen sehr wahrscheinlich in Gestalt höherer Kreditzinsen und höherer Steuern die Rechnung präsentiert würde.

Anstatt jedoch ihre Energien auf die Behebung der Verschuldungskrise zu konzentrieren, glaubt die Regierung Reagan offensichtlich, daß ein militärischer Sieg über marxistisch-leninistische Regime und Bewegungen in Mittelamerika das drängendste Problem ist, das sich gegenwärtig in der westlichen Welt stellt, und hat die finanziellen und diplomatischen Ressourcen der USA auf dieses Ziel hin mobilisiert. Tatsächlich sind die Armut, die grotesken Inflationsraten (die sich in den Ländern Lateinamerikas irgendwo zwischen 50 und 300 Prozent bewegen) und die politische Fragilität, um nur die wichtigsten negativen Folgen einer solchen Verschuldung zu nennen, weit bedeutsamere Ursachen der Instabilität in der Hemisphäre, als die Sandinisten in Nicaragua oder die Guerillafront FMLN in

El Salvador es von sich aus je sein könnten. Die Regierung Reagan jedoch kann oder will das nicht begreifen. Wo immer die Gründe für dieses Nichtbegreifen im einzelnen liegen mögen, an den Folgen, die daraus für große Teile Lateinamerikas, einschließlich der fünf zentralamerikanischen Staaten, erwachsen, ändert das nichts: an der penetranten Uninteressiertheit der Vereinigten Staaten an einer realistischen Lösung der drängendsten wirtschaftlichen Probleme der Region, an dem allgemeinen Mangel an innerer Stabilität (die doch Washington nach eigenem Bekunden so sehr am Herzen liegt) und an der zunehmenden Gewalttätigkeit sowohl zwischen rivalisierenden politischen Fraktionen als auch zwischen Staaten. In ihrer Entschlossenheit, ideologischen Phantomen nachzujagen, zeigt die Regierung Reagan nicht nur eine bemerkenswerte Blindheit für die Tatsache, daß sich in der Hemisphäre ein soziales und wirtschaftliches Krisengewitter zusammenbraut, sondern fördert diese Entwicklung sogar noch. Warum sind die Vereinigten Staaten, wie es scheint, unfähig, die wahren Bedürfnisse und Wünsche der Völker Zentralamerikas (und darüber hinaus auch ganz Lateinamerikas) zu erkennen? Es gibt Historiker, die die Hauptwurzel des Übels in den wirtschaftlichen Verhältnissen sehen, in der Ausbeutung der Region durch die Vereinigten Staaten. Es ist sicher richtig, daß Mittelamerika im Zuge seiner wirtschaftlichen Entwicklung in starke Abhängigkeit vom US-amerikanischen Markt geraten ist und daß die US-Interventionen oft den Wunsch Washingtons reflektieren, amerikanische Investitionen zu schützen; aber diese wirtschaftlichen Faktoren waren für die Politik der Vereinigten Staaten nie entscheidend. Wenn man sich beispielsweise vergegenwärtigt, daß die Gesamtsumme dessen, was für die US-Wirtschaft in Zentralamerika auf dem Spiel steht, relativ gering ist – die in dieser Region getätigten Direktinvestitionen der US-Wirtschaft machten Ende 1982 nur 0,37

Prozent aller US-Direktinvestitionen im Ausland aus –, so ist es sicherlich nicht dumm von der Regierung Reagan, ihr Vorgehen in Mittelamerika in erster Linie mit dem Hinweis auf die angebliche Bedrohung der Sicherheit der Vereinigten Staaten zu rechtfertigen. Ähnliche Rechtfertigungen sind in der Vergangenheit von amerikanischen Regierungen gebraucht worden, und dies zeigt deutlich, daß die einhundertsechzig Jahre alte Politik der Vereinigten Staaten in Mittelamerika primär von politischen und diplomatischen Erwägungen bestimmt wurde und wird, Erwägungen, denen ich im folgenden auf den Grund gehen möchte. Kein Zweifel besteht für mich daran, daß es Zeit ist für eine Abkehr von einer Politik, die uns in ein zunehmendes militärisches Engagement in dieser Region verwickelt hat. Um zu verstehen, wie sich eine solche Abkehr bewerkstelligen ließe, muß man zuerst einmal einen Blick auf die Gesamtheit der Beziehungen zwischen den Vereinigten Staaten und Mittelamerika werfen, damit deutlich wird, wie in der Vergangenheit unsere Ängste vor Instabilität und Subversion unsere Bemühungen um eine Förderung von Demokratie und Stabilität in den fünf Staaten der Region vereitelt haben. Daran anschließend werde ich auf die Lage in Zentralamerika zu Anfang der achtziger Jahre eingehen und zu zeigen versuchen, inwiefern die Politik der Regierung Reagan lediglich eine Fortsetzung dessen ist, was in der Vergangenheit gemacht wurde. Und zu guter Letzt werde ich Vorschläge für eine neue Politik unterbreiten, die mehr Stabilität für den lateinamerikanischen Raum als Ganzes bringen und den Konflikt in Zentralamerika entschärfen könnte – während unser gegenwärtiger, an der althergebrachten Tradition orientierter Kurs nur eine Verlängerung und vermutlich auch eine Verschärfung des endlosen Krieges in Zentralamerika bewirken wird.

2

Gegenüber Mittelamerika haben die Vereinigten Staaten stets die Prärogativen einer Großmacht geltend gemacht. Ursprünglich wurzelte diese Haltung in der unerschütterlichen Überzeugung der Amerikaner, daß es ihre Bestimmung, ihre »Manifest Destiny« sei, den ganzen nordamerikanischen Kontinent zu beherrschen. Als mit zunehmender Zeit deutlich wurde, daß die »offensichtliche Bestimmung« ein Wunschtraum bleiben würde, verschob sich der amerikanische Ehrgeiz auf ein zeitgemäßeres und zeitbeständigeres Ersatzziel: Wenn die Amerikaner sich den Kontinent nicht untertan machen konnten, dann wollten sie zumindest die eindeutig dominierende Macht auf diesem Kontinent sein. An der Grundvorstellung, daß wir Amerikaner führen und die Völker Mittelamerikas uns folgen müssen, hat sich nie etwas geändert. Jede Analyse des gegenwärtigen Engagements der Vereinigten Staaten in dieser Region sollte daher mit einem Rückblick auf die Zeit beginnen, in der diese Haltung Gestalt annahm.

In einer Zeit, in der der Begriff »amerikanischer Imperialismus« etwas, um es milde auszudrücken, Anstößiges bekommen hat, fällt es vielen von uns Heutigen schwer, uns zu vergegenwärtigen, daß es eine Ära gegeben hat, in der dieser Begriff in unserem Lande nicht nur wohlgelitten war, sondern das, was er bezeichnete, auch als eine nachgerade göttliche Bestimmung dieses Landes betrachtet wurde. Der Glaube daran, daß die US-Amerikaner die aufgeklärteste Regierungsform der Welt hervorgebracht hätten und daß sie dazu ausersehen wären, ihren Herrschaftsbereich auszudehnen und das Licht ihrer Aufklärung in immer neue Weltgegenden und Länder zu tragen, gehörte nicht nur zum Standardrepertoire ehrgeiziger Chefredakteure oder missionarischer Minister; er bildete vielmehr (wenngleich in sublimierter Form) auch ein wichtiges Element des Denkens vieler der sogenannten Gründerväter, in deren Reihen sich einige der bedeutendsten Staatsmänner und politischen Denker befanden, die die Vereinigten Staaten in ihrer Geschichte hervorgebracht haben. Im Sieg der amerikanischen Revolution sahen diese Männer eine Bestätigung dieses Glaubens: ein historisches Ereignis, das den Weg für einen Siegeszug der amerikanischen Ideale geebnet hatte. Wie Präsident Thomas Jefferson 1801 an James Monroe schrieb: »So sehr unsere gegenwärtigen Interessen uns dazu nötigen mögen, innerhalb unserer Grenzen zu verharren, es ist unmöglich, nicht vorauszublicken auf eine ferne Zukunft, in der unsere rapide Vermehrung für eine Ausweitung über diese Grenzen hinaus sorgen und der ganze nördliche, wenn nicht auch der südliche Kontinent mit einer Bevölkerung bedeckt sein wird, welche dieselbe Sprache spricht und in ähnlicher Form und von ähnlichen Gesetzen regiert wird.«[3]

In bezug auf Louisiana und Florida sollte dieser Prozeß eine regelrechte Annexion einschließen – in anderen Teilen des Kontinents sollte er mit der Errichtung »ähnlicher« Regierungsformen, wie Jefferson es genannt hatte, einhergehen. In beiden Fällen war das Ziel klar: Die Vereinigten Staaten sollten als aufgeklärte und expandierende Führungsmacht einer nordamerikanischen, ja vielleicht sogar allamerikanischen Gruppe von Staaten fungieren, die sich allesamt nach dem Vorbild der USA ausrichten und sich ihrer Führung unterordnen würden.

Dies vorausgesetzt, mag es überraschen, daß, als die lateinamerikanischen Kolonien Spaniens zu Beginn des 19. Jahrhunderts ihre verschiedenen Unabhängigkeitskriege aufnahmen, die US-Amerikaner ihnen dafür nur verhaltenen Beifall zollten. Diese Reaktion hatte nichts mit einem etwa empfundenen Bedauern um das spanische Kolonialrecht zu tun, das verfault und dem Untergang geweiht war. Sie rührte auch nicht aus theoretischen Meinungsverschiedenheiten mit den Führern der lateinamerikanischen Unabhängigkeitsbewegungen her, die ihrer politischen Überzeugung nach durchweg Republikaner waren und, zumindest in der Anfangsphase, in ihrem großen nördlichen Nachbarn ihr natürliches Vorbild und einen gegebenen Bundesgenossen sahen. Warum zeigten sich dann die Vereinigten Staaten so reserviert, wenn es galt, etwa die venezolanischen Revolutinäre Bolivar und Miranda zu unterstützen? Es gab dafür drei Gründe, Gründe, deren Analyse wesentlich ist für ein Verständnis der gegenwärtigen Beziehungen der Vereinigten Staaten nicht nur zu Mittel-, sondern auch zu Südamerika.

Zunächst einmal glaubten viele der Gründerväter und ihrer unmittelbaren Nachfolger (zur nicht geringen Verstimmung der lateinamerikanischen Führer) nicht, daß die lateinamerikanischen Völker die Fähigkeit besäßen, von sich aus jene »gute Regierung« (d.h. jene Demokratie amerikanischen Stils) hervorzubringen, die den Unabhängigkeitskämpfern selbst vorschwebte. Der religiöse, gesellschaftliche und politische Hintergrund der spanischen Kolonien würde dies nach Überzeugung jener skeptischen Amerikaner nicht zulassen. Jefferson schrieb über die lateinamerikanischen Freiheitskämpfe: »Die Geschichte... liefert kein Beispiel dafür, daß ein pfaffengeplagtes Volk eine freiheitliche Regierungsform aufrecht zu erhalten vermochte.«[4] Und 1821 erklärte John Quincy Adams, Außenminister und Initiator sowie Mitautor der Monroe-Doktrin: »Ich habe ihrer Sache Glück gewünscht; ich sah jedoch und sehe auch jetzt noch keine Aussicht darauf, daß sie freiheitliche oder liberale Staatseinrichtungen hervorbringen würden. ... Es ermangelt ihnen an den grundlegenden Voraussetzungen für eine gute oder freiheitliche Regierung. Willkürliche Macht – militärische und kirchliche – hat ihre Erziehung, ihre Gepflogenheiten und alle ihre Institutionen geprägt. Ihren in der Ausbildung begriffenen Normen wohnte von Anfang an der Keim des Zerwürfnisses inne. Krieg und gegenseitige Vernichtung – im moralischen, politischen und physischen Sinn – waren in allen Mitgliedern ihrer Organisation. Ich rechnete kaum damit, daß diesem Land aus irgendwelchen zukünftigen politischen oder wirtschaftlichen Beziehungen zu ihnen ein Nutzen erwachsen würde.«[5]

Natürlich teilten nicht alle US-Amerikaner diese Einstellung. 1820 erhob sich im Repräsentantenhaus Henry Clay und forderte die sofortige Anerkennung der neuen lateinamerikanischen Staaten; mit Blickrichtung insbesondere auf Adams, aber auch auf all die anderen, die die Meinung des Außenministers teilten, wandte er sich gegen die vorwaltende und seiner Ansicht nach entschieden unamerikanische Haltung. »Wollen die Herren unterstellen«, erklärte Clay, »daß diese Völker, weil sie uns nicht in allen Einzelheiten gleichen, nicht für die Freiheit taugen?«[6] Doch Clay mühte sich vergeblich – es waren die von Adams vertretenen Auffassungen, die die Politik der Vereinigten Staaten gegenüber Lateinamerika bestimmten.

Das zweite Motiv für die unterkühlte Reaktion der Vereinigten Staaten auf die Freiheitskämpfe der Lateinamerikaner ergänzte das erste und präjudizierte die »Manifest Destiny«. Nicht nur Jefferson, auch Hamilton hielt es für die naturgegebene Aufgabe der Vereinigten Staaten, das Licht ihrer Aufklärung über einen möglichst großen Teil der westlichen Hemisphäre zu verbreiten; hausgemachte Emanzipationsversuche der Lateinamerikaner, sei es unter demokratischen oder anderen Vorzeichen, konnten dieser Mission nur hinderlich sein. Washington unterstützte das Konzept eines Kräftegleichgewichts in Europa, in der richtigen Erkenntnis, daß es den Vereinigten Staaten und ihren Expansionsplänen dienlich war. Tatsächlich wünschte Jefferson keineswegs eine Erhebung der spanischen Kolonien gegen ihren König; er hielt es vielmehr für

das Beste, wenn die spanische Herrschaft weiterbestand, »bis die Zunahme unserer Bevölkerung ausreicht, um Stück für Stück davon für uns zu gewinnen«.[7]
Auch Adams glaubte, jede Unterstützung oder Anerkennung der neuen lateinamerikanischen Staaten durch die USA würde deren (zwischen 1818 und 1821 unternommenen) Bemühungen, der spanischen Krone Florida abzukaufen, hinderlich sein. In seinen Augen war es nicht Aufgabe der Vereinigten Staaten, die Demokratie zu exportieren. Gleichwohl war er ein Expansionist, glaubte er doch, daß die Lateinamerikaner nicht imstande seien, sich selbst vernünftig zu regieren (dazu waren seiner Überzeugung nach auf dem ganzen Kontinent einzig die Vereinigten Staaten befähigt), und daß es daher nicht ratsam sei, Beziehungen zu den Männern anzuknüpfen, die jetzt in Lateinamerika die Zügel in Händen hielten. Er wies seinen Gesandten in London an, der britischen Regierung zu sagen, sie solle nicht jedesmal in Aufregung geraten, wenn sich für die Amerikaner eine Möglichkeit auftat, sich »über unseren natürlichen Herrschaftsbereich in Nordamerika auszudehnen«. Einen Großteil des ehemals spanischen Territoriums in Nordamerika hatten die Vereinigten Staaten bereits durch Kauf an sich gebracht. Dadurch wurde es »erst recht unvermeidlich, daß auch der Rest des Kontinents unser würde«.[8] Von Beginn der lateinamerikanischen Unabhängigkeitsbestrebungen an waren den US-Amerikanern also Instabilität und Revolution in ihrer Hemisphäre ein Dorn im Auge – nicht aufgrund irgendeiner ernsthaften Auseinandersetzung mit den Bedürfnissen und/oder Fähigkeiten der sich bildenden Staaten, sondern wegen ihrer eigenen Expansionspläne. Um Adams' großen Zeitgenossen John C. Calhoun zu zitieren: »Das Verlangen nach Vergrößerung war das beherrschende Gesetz des Menschen in der Gesellschaft.«[9] Und bei den Amerikanern verband sich das Expansionsstreben mit dem Bedürf-

nis, die Lebensfähigkeit und Macht der von ihnen kreierten Form der Demokratie unter Beweis zu stellen.
Der dritte Grund für die Gleichgültigkeit der US-Amerikaner gegenüber den republikanischen Bewegungen in Lateinamerika hatte nicht mit ihnen selbst, sondern mit den europäischen Mächten zu tun. Sosehr die Amerikaner auf ihren Hegemonieanspruch in ihrer eigenen Hemisphäre und auf ihre Überzeugung pochten, die einzige Nation zu sein, die in der Neuen Welt für eine vernünftige Regierung sorgen konnte, sowenig hätten vermutlich diese Motive für sich allein den Anstoß zur Verkündung der Monroe-Doktrin geben können. Hätten die Vereinigten Staaten sich in ihrer Hemisphäre unbehelligt gefühlt, so hätten sie ihre dortigen Ziele wahrscheinlich in aller Stille verfolgt, ohne sie mit großer Geste der übrigen Welt bekanntzugeben. Und in der Tat versuchten sie 1821 just dies zu tun – sich »unauffällig« zu vergrößern. Zu diesem Zeitpunkt war der dritte Grund für das mangelnde Interesse an den inneren Angelegenheiten der Lateinamerikaner noch gegeben: Auch keine *andere* Macht schien sich sonderlich dafür zu interessieren. Das sollte sich jedoch sehr bald ändern.
Der Aufstand, der 1820–22 im spanischen Mutterland tobte, zwang König Ferdinand VII. nicht nur zur Gewährung einer Verfassung, sondern auch zu der Einsicht, daß seine ungebärdigen Kolonien in Mittel- und Südamerika wohl für immer verloren waren; und er schockierte die europäischen Herrscher. Die in der Heiligen Allianz vereinten Monarchen Rußlands, Preußens und Österreichs waren ob dieser neuerlichen und direkten Herausforderung ihrer Herrschaft, ihrer Macht und ihrer weltanschaulichen Autorität zutiefst getroffen und besorgt. England, das sich erst kurz vorher von der Allianz losgesagt hatte, fürchtete, die Kontinentalmächte könnten die Ereignisse in Spanien als Vorwand für einen Anlauf zur Festigung und Auswei-

tung ihrer eigenen Macht benutzen, nicht nur in Europa, sondern auch in verschiedenen umstrittenen Teilen der westlichen Hemisphäre: in Lateinamerika, Kalifornien, Oregon, im Nordpazifik und natürlich in Mexiko. Europa geriet in eine Art Panik, und diese Reaktion rief in den Vereinigten Staaten tiefgreifende Wirkungen hervor.

Dabei hatte es zunächst nicht den Anschein, als müßten Präsident Monroe und sein Außenminister sich große Sorgen machen. Die Verlautbarungen der Heiligen Allianz strotzten zwar vor imperialen Kraftsprüchen, aber keine der verbündeten Monarchien schien willens, vom Wort zur Tat zu schreiten: Für Österreich war die Gefahr eines Sieges der republikanischen Kräfte in Spanien akuter als der Gedanke an eine Wiederherstellung des spanischen Kolonialreichs; Alexander I. von Rußland mochte eher bereit sein, dem spanischen König in der Neuen Welt beizustehen, aber er wußte, daß er dies nur im Zusammenwirken mit den Franzosen würde tun können; allein, der französische Premierminister Joseph de Villèle hatte viel zu viele innenpolitische Probleme am Hals, als daß er sich um das spanische Imperium hätte kümmern können. Somit durften die Vereinigten Staaten eigentlich davon ausgehen, daß sie ihre Politik der langsamen, aber stetigen Ausweitung sowohl ihres Staatsgebiets als auch ihrer Machtposition in der westlichen Hemisphäre würden fortsetzen können.

Doch dann, 1823, vollzog sich in Europa ein Umschlag der Entwicklung, von dem die Verantwortlichen in den Vereinigten Staaten annahmen – und es ist wichtig zu betonen, daß dies eine Annahme war und nicht etwa das Ergebnis einer sorgfältigen Analyse –, daß er sich auch auf die Neue Welt auswirken werde. In Frankreich gewann, trotz der Bedenken Villèles, eine militantere Politik die Oberhand: Die Franzosen marschierten in Spanien ein, um Ferdinand aus den Händen der Republikaner, die ihn praktisch als

Geisel hielten, zu befreien. Rußland stimmte diesem Schritt von ganzem Herzen zu, Österreich ebenso, und nun hörte man allenthalben davon sprechen, daß die Heilige Allianz Schritte zur Wiederherstellung des spanischen Weltreichs unternehmen werde. England, das zu dieser Zeit in Europa isoliert war, sorgte sich zunehmend um seine weltpolitische Stellung. Und diese Sorge veranlaßte den englischen Außenminister George Canning zu einem Zweckbündnis mit einem unerwarteten Partner: den Vereinigten Staaten.

Es gehört zum geschichtlichen Lehrbuchwissen, daß die Vereinigten Staaten sich der britischen Flotte bedienten, um eine Politik zu untermauern, die sie auf eigene Faust nicht wirksam hätten vertreten können. Und das trifft auch weitgehend zu. Die Briten befürchteten ein Umkippen des europäischen Kräftegleichgewichts, die Amerikaner eine Einmischung der Heiligen Allianz in die Pläne, die sie in der westlichen Hemisphäre oder zumindest in deren nördlicher Hälfte verfolgten. Amerika besaß eine moralische Legitimation für ein gemeinsames Vorgehen – sie kam in der Erklärung zum Ausdruck, daß die lateinamerikanischen Kolonien das Recht hätten, selbst über ihre Zukunft zu bestimmen (wenngleich, wie wir gesehen haben, Washington keineswegs daran interessiert war, ihnen uneingeschränkte Selbstbestimmung zuzugestehen); Großbritannien besaß eine De-facto-Legitimation in Gestalt seiner Flotte; heraus kam schließlich die Monroe-Doktrin, die den Grundsatz aufstellte, daß keine europäische Macht sich in die politischen Angelegenheiten der Neuen Welt einmischen dürfe.

Im Zusammenhang mit der Formulierung der Monroe-Doktrin ergeben sich einige wichtige Aspekte, die oft übersehen werden, aber für die Geschichte der Beziehungen zwischen den USA und Mittelamerika von Bedeutung sind. In erster Linie ist hier die Frage zu nennen, ob seitens der Heiligen Allianz wirklich Gefahr drohte. Eine sorgfältige Analyse der Lage in Europa im Jahr 1803 ergibt folgendes:

- Der französische Premierminister Villèle hatte sich zwar mit der militärischen Intervention Frankreichs in Spanien abgefunden, wollte jedoch von einem Eingreifen auch in Amerika nichts wissen, da ein solches Unterfangen in seinen Augen nicht nur vergeblich, sondern auch katastrophal für die französische Wirtschaft sein würde.
- Dies hatte zur Folge, daß für den russischen Zaren eine Intervention ebenfalls nicht in Frage kam – Rußland hatte nicht die Flotte, die es für ein Vorgehen auf eigene Faust gebraucht hätte, und ihm fehlte auch das wirtschaftliche Motiv.
- Österreich, regiert von Metternich, ging es ausschließlich darum, den Republikanismus in Europa niederzuhalten; die Ereignisse in der Neuen Welt waren für Wien nicht von großem Belang.
- Die Briten wußten dies alles.

Alles spricht dafür, daß sich auch die Regierung Monroe dieser Tatsachen bewußt war. Wie der Historiker Ernest May geschrieben hat: »Man geht vermutlich nicht fehl in der Annahme, daß den amerikanischen Entscheidungsträgern ausreichende Anhaltspunkte für eine zutreffende Beurteilung der Situation [in Europa] vorlagen. Wenn sie sich dafür entschieden, hinsichtlich der möglichen Folgen der ihnen offenstehenden Optionen unrealistische Einschätzungen vorzunehmen, so um Argumente für einen Kurs zu gewinnen, für den sie sich aus anderen Gründen nicht entschieden hätten.«[10] May fügt hinzu, einer dieser »anderen Gründe« sei wahrscheinlich die bevorstehende Präsidentschaftswahl gewesen. Viele von Monroes Ministern strebten das Präsidentenamt an, und mit Äußerungen über Europa konnten sie die Wählergunst beeinflussen. Wo im einzelnen die Gründe und Motive lagen, war, soweit es

Mittelamerika oder eigentlich ganz Lateinamerika betraf, letzten Endes gleichgültig. Worauf es für diese sich gerade erst konstituierenden Staaten ankam, war, *daß* Washington eine weit überzogene Einschätzung der von der Heiligen Allianz her drohenden Gefahr für Lateinamerika (wohinter vielleicht echte, wenngleich unrealistische, Befürchtungen standen) zur Grundlage für eine Erklärung machte, mit der die USA sich zur amerikanischen Hegemonialmacht aufwarfen.
Es sollte nicht das letzte Mal sein, daß die Vereinigten Staaten etwas aus Angst vor einer *vermuteten* Bedrohung taten. Aber war die Verkündung der Monroe-Doktrin ganz und gar von dem Hintergedanken bestimmt, die unangefochtene Vorherrschaft über die westliche Hemisphäre zu erringen? Gewiß waren 1823 sowohl bei den Politikern als auch bei den normalen Bürgern der Vereinigten Staaten die Ängste vor Europa groß, groß genug, um das ganze Land in Panik zu versetzen, sobald auch nur der Verdacht aufkam, die europäischen Mächte könnten wirklich die Absicht haben, verlorenen Boden zurückzuerobern. Es ist gut denkbar, daß in diesem Falle wirklich (wenn auch unbegründete) Angst und politischer Opportunismus Hand in Hand gingen; falls es sich so verhielt, war dies gewiß nicht das letzte Mal so. Wie auch immer, am Ergebnis, wie es sich für die neuen Staaten Lateinamerikas darstellte, änderte das nichts: Die Vereinigten Staaten hatten nicht die Absicht, ihnen in der politischen Gestaltung der westlichen Hemisphäre freie Hand zu lassen.
Einer dieser neuen lateinamerikanischen Staaten waren die sogenannten Vereinigten Provinzen von Zentralamerika, ein Staat, der die fünf zentralamerikanischen Länder umfaßte und am 1. Juli 1823 seine Unabhängigkeit erklärte. Allein, damals wie heute gab es zwischen diesen fünf Ländern zuviel Zwietracht, als daß sie eine wirklich funktionierende Union hätten bilden können. Es herrschte in

ihnen ein ausgeprägtes Cliquenwesen, wobei die einzelnen Cliquen sich jeweils im Umkreis der großen Städte in der Region konzentrierten und im allgemeinen von jenem kleinen Bevölkerungsanteil dominiert wurden, der sich unverfälschter spanischer Abstammung rühmen konnte. Ihm stand eine aus Indianern, Negern (sowohl aus Nordamerika als auch aus der Karibik waren viele ehemalige Sklaven nach Zentralamerika ausgewandert) und, zum größten Teil, aus Mischlingen bestehende Bevölkerungsmehrheit gegenüber. So hatten die Machtverhältnisse bereits ausgesehen, als die fünf Länder noch spanische Kolonien waren (nach dem Urteil einiger Historiker waren sie so etwas wie die Rumpelkammer des spanischen Kolonialreichs), und die Unabhängigkeit hatte daran wenig geändert. Es überrascht deshalb nicht zu hören, daß das erste wichtige Ereignis in der Geschichte der Vereinigten Provinzen ein Bürgerkrieg war.

Aus diesem Bürgerkrieg ging eine Führergestalt hervor: Francisco Morazán. Von Geburt Honduraner, gehörte Morazán zu den Verfechtern einer zentralamerikanischen Union. Eines seiner vorrangigen politischen Ziele war es, den Einfluß der Kirche zurückzudrängen und für mehr religiöse Toleranz zu sorgen. Ein anderes war die Schaffung eines fortschrittlichen Rechtswesens. Seine größten Sorgen waren die den Vereinigten Provinzen von Mexiko her drohende Gefahr und die fortwährende Zwietracht im Innern, die von konservativen Gruppen und von der Kirche geschürt wurde. Aus allen diesen Gründen war es nur natürlich, daß Morazán sich bei den Vereinigten Staaten um Hilfe und Schutz bemühte. Aber während all der Jahre, in denen er darum kämpfte, die Vereinigten Provinzen von Zentralamerika zu einer gesicherten Realität zu machen, verweigerten die US-Amerikaner ihm jegliche Unterstützung. 1842 fand Morazáns Kampf ein Ende, als er von seinen Feinden liquidiert wurde. Am Beginn der Ge-

schichte eines unabhängigen Zentralamerika standen also nicht nur jene Zerrissenheit und Gewalttätigkeit im Innern, die die Geschichte dieser Region noch für Generationen prägen sollten, sondern auch das Versäumnis der Vereinigten Staaten, zugunsten eines Mannes und einer Bewegung zu intervenieren, die zumindest eine kleine Chance gehabt hätten, die sozialen und politischen Verhältnisse in den Ländern Zentralamerikas zu verbessern.
Es ist, wenn man um die Einstellung der Amerikaner weiß, nicht schwierig, sich die Gründe dafür klarzumachen. Ein siegreicher Morazán wäre nicht nur ein Hindernis für die US-amerikanischen Ziele in Zentralamerika gewesen; es stellte sich darüber hinaus die Frage, ob eine von ihm geschaffene zentralamerikanische Union nicht eine eigene nationale Politik entwickeln und sich vielleicht um die Hilfe und Freundschaft nicht nur der USA, sondern auch anderer Länder bemühen würde. Daß Morazán sich zuallererst und am stärksten um die Unterstützung der Vereinigten Staaten bemühte, daß eine eigenständige zentralamerikanische Form der Demokratie zur Stabilisierung der allgemeinen Lage in der westlichen Hemisphäre hätte beitragen können, dies bezogen die politisch Verantwortlichen in den USA nicht in ihr Kalkül ein. Wenn schon Demokratie in Zentralamerika, dann sollte sie von den US-Amerikanern dorthin gebracht werden, die es sich auf diese Weise vorbehalten wollten, die Kontrolle über diese Region, ihre Politik, ihre Bündnisse und ihre zukünftige staatliche Entwicklung zu behalten.
Manche werden sagen, daß die wirtschaftlichen Interessen der USA das Hauptmotiv dafür waren, Morazán nicht zu unterstützen. Und es ist in der Tat nicht zu bestreiten, daß ihr wirtschaftliches Engagement in dieser Region zur Zeit der Vereinigten Provinzen zunahm. Aber diese wirtschaftliche Expansion wäre auch dann weitergegangen, wenn Morazán Erfolg gehabt hätte – vermutlich hätte er sogar

amerikanische Investitionen gefördert. Wirtschaftliche Motive allein erklären das Verhalten der USA nicht. Ihr Entschluß, die Vereinigten Provinzen nicht zu unterstützen, war im wesentlichen politisch begründet; er war Ausdruck und Frucht bestimmter nicht nur regionalbezogener, sondern auch globaler Ängste.

3

Nach dem Tod Morazáns und dem Zerfall der Vereinigten Provinzen bildete sich in Zentralamerika jene Konfiguration von Staaten, wie wir sie heute kennen. Die fünf Länder wurden zu unabhängigen politischen Gebilden, innerhalb derer sich jeweils spezifische gesellschaftliche und politische Muster (Strukturen konnte man sie schwerlich nennen) herauskristallisierten. Zwei Dinge hatten die fünf Staaten gemeinsam: ständige Konflikte im Innern und Angst vor Mexiko, das immer wieder einmal territoriale Expansionsgelüste an den Tag legte. Die innere Zerrissenheit war eine Folge der Tatsache, daß es mit demokratischen Wahlen in Zentralamerika so gut wie nie und nirgendwo klappte; sie waren, damals wie heute, in dieser Region weder das übliche noch das wirksamste Verfahren zur Auswechslung von Regierungen. Wie der spätere US-Außenminister Henry L. Stimson 1927 in bezug auf Nicaragua schrieb: »Es bleibt buchstäblich wahr, daß keine nicaraguanische Wahl jemals ein Ergebnis gebracht hat, das den Wünschen des herrschenden Mannes oder der herrschenden Partei widersprochen hätte. Unter solchen Umständen bestand für diese Leute, wenn sie einen Mann oder eine Partei aus der Herrschaft verdrängen wollten, keine andere Möglichkeit, als es gewaltsam zu tun. ... Revolutionen wurden somit – und sind es seit nunmehr fast einem Jahrhundert geblieben – zu einem regulären Element ihres politischen Systems.«[11]

Was die Angst vor Mexiko betraf, so steigerte sie sich zu solcher Intensität, daß der nicaraguanische Gesandte in London 1849 bei den Vereinigten Staaten anfragte, ob für Honduras, El Salvador und sein eigenes Land vielleicht die Chance einer Aufnahme in die Union bestehe; als daraus nichts wurde, bat er die Vereinigten Staaten, wenigstens die territoriale Unverletzlichkeit der drei Länder zu schützen.
Das Interesse der Vereinigten Staaten galt zu jener Zeit jedoch anderen, in US-amerikanischen Augen viel gewichtigeren Dingen als der Sorge um die territoriale Integrität der Staaten Zentralamerikas. Die Vereinigten Staaten waren mit ihrer eigenen territorialen Ausdehnung beschäftigt; der Krieg gegen Mexiko, den sie unter dem Präsidenten James Polk führten, führte zur Annexion von Arizona, New Mexico und Kalifornien. Ihre zweite (und in den Augen vieler US-Amerikaner fast ebenso wichtige) Sorge galt der Frage, wie man den britischen Ambitionen in Nordamerika entgegentreten konnte.
Gegen Ende der 1840er Jahre legte Großbritannien in verschiedenen Teilen des Kontinents eine verdächtige Aktivität an den Tag: in Kanada, Oregon, Kalifornien, Mexiko – und in Mittelamerika, wo es mit Belize (an der Küste Guatemalas), den Bay-Inseln und der Miskito-Küste auf der atlantischen Seite Nicaraguas über eine Reihe von Stützpunkten verfügte. Die letztgenannte Besitzung war für die Briten besonders wertvoll, da sie die Hafenstadt Greytown oder San Juan del Norte einschloß, die der östliche Endpunkt eines projektierten Kanals vom Pazifik zum Atlantik quer durch Nicaragua werden sollte (ein Projekt, das zu jener Zeit fast ebenso populär war wie das eines Kanals durch Panama). Gewiß, das Hauptziel der britischen Außenpolitik lag in dieser Periode in einer Ausweitung des britischen Handels, aber allein die Aussicht auf einen verstärkten Einfluß der Engländer auf dem ame-

rikanischen Kontinent genügte, um bei den US-Amerikanern, die den Krieg von 1812 noch lebhaft in Erinnerung hatten, die Alarmglocken schrillen zu lassen.
Niemand empfand dieses Mißtrauen heftiger als Präsident Polk. Unmittelbar nach dem Friedensschluß mit Mexiko versuchte er, die fünf zentralamerikanischen Staaten für eine gemeinsame Strategie zur Vertreibung der Briten aus ihren Besitzungen in der Region zu gewinnen. Aber die zerstrittenen Regierungen der Fünf ließen sich nicht gemeinsam vor den Karren eines solchen Unternehmens spannen. Die aggressiven Absichten Polks blieben jedoch in London nicht unbemerkt. Zwar hatte die britische Öffentlichkeit wenig Interesse an einer Konfrontation mit den Vereinigten Staaten (und dies sollte auch im ganzen weiteren Verlauf des 19. Jahrhunderts so bleiben), aber unter den Inhabern hoher Regierungsämter gab es doch Männer, die geneigt waren, eine Kraftprobe zu riskieren, allen voran die Lords Palmerston und Clarendon. Und als die Briten 1848 an der nicaraguanischen Atlantikküste einen Marionettenstaat errichteten, den sie Mosquitia nannten, wirkte dies wie eine ausdrückliche Reaktion auf die Pläne des US-Präsidenten, sie aus Zentralamerika hinauszudrängen. Dies sollte den Amerikanern gleichwohl gelingen, in einem nur zwölf Jahre dauernden Prozeß, an dessen Ende die ungefährdete Hegemonie der Vereinigten Staaten über den ganzen mittelamerikanischen Raum stand.
Für eine kurze Zeit wurden die Spannungen, die sich 1848 aufgebaut hatten, durch den Clayton-Bulwer-Vertrag von 1850 gemildert, in welchem Briten und Amerikaner vereinbarten, bei einer eventuellen Inangriffnahme des Nicaragua-Kanal-Projekts gemeinsame Sache zu machen. Doch währte diese Entspannung nicht lange. Als Franklin Pierce ins Weiße Haus einzog, erklärte er, er werde sich »nicht von irgendwelchen schüchternen Vorankündigun-

gen des Übels der Expansion« ins Bockshorn jagen lassen.[12] Die Briten werteten dies als erneute Kampfansage. Indes, der Krimkrieg, in den sie bald darauf verwickelt wurden, hinderte sie an einer entscheidenden Kraftprobe mit den Vereinigten Staaten, zu der es andernfalls vielleicht gekommen wäre. Palmerston und Clarendon konnten kaum mehr tun als zusehen, wie Kapitalisten (darunter Cornelius Vanderbilt) und »Freibeuter« – private Abenteurer, die es verstanden, in den fünf Staaten großen Reichtum und Einfluß anzuhäufen – Zentralamerika zunehmend stärker in die US-amerikanische Interessensphäre einbanden.

Indes, noch immer rechnete Palmerston und Clarendon mit einer bewaffneten Konfrontation zwischen Großbritannien und den Vereinigten Staaten. »Wenn man es mit vulgären Kraftprotzen zu tun hat«, meinte Palmerston, »und zu dieser Sorte gehören die US-Amerikaner leider, gewinnt man nichts durch ein Sich-Fügen in Beleidigung und Unrecht.«[13] Während die meisten britischen Politiker, wie auch die britische Öffentlichkeit, keinen regelrechten Schlagabtausch mit den Vereinigten Staaten wünschten, hatten sie doch andererseits das Gefühl, angesichts der expansiven Machtpolitik der USA nicht ein Bild der Schwäche bieten zu dürfen. In der zweiten Hälfte der 1850er Jahre hatte es erneut den Anschein, als ob Zentralamerika zum Schauplatz einer handfesten Demonstration der englisch-amerikanischen Rivalität werden könnte.

Der bemerkenswerte Fall des William Walker trieb die Dinge auf die Spitze. Walker, sicherlich der schillerndste aller »Freibeuter«, brachte es tatsächlich fertig, sich für die Dauer von zwei Jahren als De-facto-Herrscher über Nicaragua zu etablieren – und die US-Regierung erkannte sein Regime an. Dies war in den Augen Palmerstons eine unverhüllte Provokation, auf die eine britische Antwort angezeigt war. Allein, die britische Öffentlichkeit, nach den

Ereignissen auf der Krim kriegsmüde, war für eine direkte Intervention nicht zu gewinnen. Wenn die Briten eine Kraftprobe wollten, selbst aber nicht zum Handeln bereit waren, dann gab es für sie offensichtlich nur eine Möglichkeit: die zentralamerikanischen Staaten zum Einschreiten aufzufordern. Falls es gelang, ihnen klarzumachen, daß sie jede Zunahme des US-Einflusses mit einem proportionalen Verlust an eigener Souveränität bezahlen mußten, würden sie aus solcher Einsicht vielleicht die richtigen praktischen Schlüsse ziehen und den Yankees den Weg verlegen.

Doch Palmerston und Clarendon mußten mit den Zentralamerikanern ähnliche Erfahrungen machen wie Polk einige Jahre zuvor: Die fünf Staaten waren viel zu sehr mit ihren eigenen sozialen und politischen Problemen beschäftigt, als daß sie imstande gewesen wären, gemeinsam wirksame Schritte gegen eine überlegene Macht zu unternehmen, geschweige denn gegen eine, mit der sie wirtschaftlich bereits eng verflochten waren. Diese neuerliche Demonstration zentralamerikanischen Unvermögens reichte Clarendon endgültig. Er erklärte 1857: »Diese armseligen Bastarde in Zentralamerika legen es buchstäblich darauf an, vergewaltigt zu werden. Ihre völlige Unfähigkeit, irgend etwas anderes zu tun, als einander die Kehlen durchzuschneiden, und die neulich wieder erbrachten Beweise dafür, daß weder gemeinsame Gefahr noch gemeinsame Interessen sie zu vereintem Handeln bewegen können, [all dies eröffnet] den ›Freibeutern‹ unwiderstehliche Versuchungen. ... Wir können sicher sein, daß diese Länder früher oder später überrannt und besetzt werden, ebenso wie Louisiana, Texas und Kalifornien der Union einverleibt worden sind.«[14]

Nicht lange, und auch Palmerston, der letzte einflußreiche Befürworter einer Kraftprobe mit den Vereinigten Staaten in Zentralamerika, schloß sich dieser Einsicht an. Im Jahr

1860 kam es zu Verhandlungen über einen Verzicht Großbritanniens auf die Miskito-Küste und die Bay-Inseln (wogegen Belize in britischem Besitz blieb). Im gleichen Jahr erklärte Präsident James Buchanan, ein weiterer in der Reihe der expansionistisch orientierten amerikanischen Staatsmänner, in seiner Jahresbotschaft, er sei mit der neuen Regelung rundherum zufrieden.
Dies setzte den Schlußpunkt unter die einzige Periode, in der ein britisch-amerikanischer Konflikt in Zentralamerika immerhin im Bereich des Möglichen zu sein schien. Und doch wurde die US-Regierung im Verlauf des folgenden halben Jahrhunderts, einer Epoche, in der sich die vergleichsweise massivste Ausweitung des politischen und wirtschaftlichen Einflusses der USA in Mittelamerika vollzog, nicht müde, immer wieder warnend auf die vermeintlich gefährlichen britischen Ambitionen in dieser Region hinzuweisen. Waren diese Warnungen gerechtfertigt? Soweit sie implizierten, daß die Briten ihre Handelsvorteile und ihr finanzielles Engagement in den fünf Staaten zu vergrößern gedachten, ja; doch die Zunahme des britischen Engagements war nicht von qualitativer Bedeutung und bedrohte schon gar nicht die Sicherheit der Vereinigten Staaten. Dennoch gab es in den Vereinigten Staaten eine ausgeprägte, über das ganze 19. und das frühe 20. Jahrhundert fortwirkende Anglophobie, von der die Staatsmänner der USA im Hinblick auf die fünf zentralamerikanischen Staaten häufigen und guten Gebrauch zu machen verstanden.
Nach Beendigung des amerikanischen Bürgerkrieges beschleunigte sich der Prozeß, der schließlich und endlich zur völligen Abhängigkeit Zentralamerikas von den Vereinigten Staaten führte, noch einmal. In allen fünf Staaten war eine landwirtschaftliche Produktion aufgebaut worden, die auf den Export in die USA orientiert war und in deren Folge die Volkswirtschaft dieser Länder in eine enge Ab-

hängigkeit vom nordamerikanischen Markt geriet. Guatemala erzeugte und lieferte hauptsächlich Kaffee, Bananen und Baumwolle; Honduras, die sprichwörtliche »Bananenrepublik«, Bananen und Kaffee; El Salvador exportierte Kaffee, Nicaragua Kaffee, Zucker und Baumwolle und Costa Rica Kaffee, Bananen und Zucker. Der Boden konzentrierte sich zunehmend in den Händen weniger Großgrundbesitzer; diese bildeten eine Oligarchie, die praktisch die gesamte wirtschaftliche und politische Macht innehatte, während die Landarbeiter oder *campesinos*, deren Arbeitskraft immer nur zu bestimmten Jahreszeiten gebraucht wurde, nie genug Geld sparen konnten, um selbst ein Stück Land zu erwerben.

Die Folge waren verschärfte innere Spannungen in den fünf Staaten. In den achtziger Jahren gab die US-Regierung der Befürchtung Ausdruck, diese Spannungen könnten sich nachteilig auf die wirtschaftliche Entwicklung (d.h. auf die Verzinsung des investierten US-Kapitals) auswirken. Da dies als Rechtfertigung für US-amerikanische Befriedungsaktionen in Zentralamerika nicht genügte, fügte Washington hinzu, solche internen Konflikte könnten, wenn sie sich verschärften, eine britische Intervention heraufbeschwören. Auch dieses Mal ignorierten die Völker Zentralamerikas die Warnungen Washingtons, entweder weil sie sie für übertrieben hielten oder aus Defätismus. Wie auch immer, sie hatten guten Grund, skeptisch zu sein. Den Briten im letzten Viertel des 19. Jahrhunderts zu unterstellen, sie legten es auf einen Konflikt mit den Vereinigten Staaten in und um Zentralamerika an, war gewiß nicht sehr rational. Immerhin akzeptierten die Briten 1895 in ihrem Grenzkonflikt mit Venezuela ein »Angebot« der USA, als Schiedsrichter zu fungieren, und der damalige US-Außenminister Richard Olney nahm dies zum Anlaß, um zu erklären: »Heute sind die Vereinigten Staaten auf diesem Kontinent praktisch souverän, und ihre

Wünsche sind praktisch Gesetz für diejenigen, in deren Geschicke sie sich einschalten.«[15]
Großbritannien mußte sich in dieser Periode im Innern mit Problemen wie dem Frauenwahlrecht, den Rechten der Arbeiter und der irischen Frage herumschlagen. Außenpolitisch hatte London sich vor allem für das Erstarken des Deutschen Reiches zu einem ernst zu nehmenden Rivalen und für das Ägyptenproblem zu interessieren, und in Südafrika bahnte sich der Burenkrieg an. Es ist höchst unwahrscheinlich, daß den politisch Verantwortlichen in den Vereinigten Staaten all dies verborgen geblieben sein soll. Gleichwohl entschieden sie sich, wie ein Dreivierteljahrhundert zuvor bei der Verkündung der Monroe-Doktrin, für einen durch die Tatsachen nicht gerechtfertigten Kurs. Der Grund dafür ist unschwer zu entdecken.
Im Verlauf der 1880er Jahre hatte Außenminister James E. Blaine ebenso still wie beharrlich daran gearbeitet, die Volkswirtschaften der zentralamerikanischen Länder unmittelbar in die US-amerikanischen Wirtschaftsabläufe einzubinden – ein Prozeß, den er als »wirtschaftliche Eroberung« (»annexation of trade«) bezeichnete.[16] Nach dem Spanisch-Amerikanischen Krieg von 1898 (der mit einer Niederlage Spaniens endete) und der Wahl Theodore Roosevelts zum Präsidenten im Jahr 1901 erfuhr dieser Prozeß eine dramatische Beschleunigung: es setzte der größte Zustrom US-amerikanischen Kapitals nach Zentralamerika ein, den es je in einer geschichtlichen Periode gegeben hat. Ob die Vereinigten Staaten tatsächlich in Großbritannien einen gefährlichen Widersacher sahen oder ob sie einfach ein Schreckgespenst zur Rechtfertigung ihrer Politik brauchten, wäre heute nur noch eine akademische Frage, wenn es sich dabei nicht um eine Neigung handeln würde, die Washington auch in der Folge immer wieder an den Tag legte und bis heute an den Tag legt – die Gewohnheit, eine äußere Bedrohung an die

Wand zu malen, um daraus einen Anspruch auf unangefochtene Hegemonie in der Region abzuleiten.
Diejenigen, die glauben machen wollten, daß von Großbritannien wirklich Gefahr drohte, wiesen häufig auf die mögliche Bedrohung des vor kurzem fertiggestellten Panamakanals hin. Allein, der Panamakanal bestätigte weder das tatsächliche Vorhandensein einer »britischen Gefahr«, noch änderte er von sich aus etwas an der Natur der Beziehungen zwischen den USA und den Nationen Zentralamerikas. Wie der Historiker Walter LaFeber hellsichtig erkannte: »Der panamesische Schiffahrtsweg beschleunigte den Machtzuwachs der USA in Zentralamerika. Er symbolisierte diese Macht zugleich auf imposante Weise. Aber er war nicht die Ursache dieser Macht oder der neuen Beziehung.«[17]
Die »neue Beziehung«, von der LaFeber sprach, war 1904 von Theodore Roosevelt im Rahmen einer Erklärung angekündigt worden, in der die Vereinigten Staaten ihre Absicht bekanntmachten, sich als »Polizist« der westlichen Hemisphäre zu betätigen. Dies war insofern eine bedeutsame Erklärung, als sie ebensosehr auf die inneren Turbulenzen in der Hemisphäre gemünzt war wie auf eine etwaige Bedrohung von außen. Und die inneren Konflikte hatten, namentlich in Zentralamerika, in der Tat alarmierende Ausmaße angenommen. Honduras zum Beispiel erlebte zwischen 1892 und 1907 nicht weniger als sieben Revolutionen. Weder Roosevelt noch sein Außenminister Elihu Root hielten die Zentralamerikaner für fähig, sich selbst vernünftig zu regieren. Roosevelt erklärte, die andauernden Machtkämpfe in den fünf Staaten seien »nichts anderes als Kämpfe zwischen verschiedenen Räuberbanden um den Besitz der Zollhäuser – und der Beute«.[18] Wenn dies so war und wenn der wirtschaftliche und politische Einfluß der USA weiterhin zunehmen sollte, mußte jemand den Versuch machen, in der Region für Ordnung zu sorgen.

Dieser Jemand konnte, daran bestand spätestens seit 1904 kein Zweifel mehr, nur die US-Regierung sein. Die klassische Angst der Amerikaner vor Instabilität wurde so zu ihrer außenpolitischen Leitdoktrin. Daran hat sich bis heute nichts geändert.
Und wo waren, während all dies sich vollzog, die Engländer, deren vermeintliche Expansionsgelüste die moralische und politische Rechtfertigung für die beständige Vergrößerung des US-Einflusses in Zentralamerika lieferten? Ein einziges Beispiel aus der fraglichen Periode genügt, um zu veranschaulichen, wie sehr Großbritannien in Zentralamerika an Einfluß verloren hatte und wie absurd die Behauptung geworden war, die britischen Ambitionen stellten eine Gefahr für die Sicherheit der Vereinigten Staaten dar.
Dieses Beispiel finden wir in Nicaragua, dem Staat, auf dessen Territorium die Engländer ihre einzige strategische Bastion in Zentralamerika unterhalten hatten. 1909 wurde das Land, wie nicht anders zu erwarten, von einem Diktator regiert. José Santos Zelaya war in sozialer und politischer Hinsicht kein bißchen fortschrittlicher eingestellt als seine innenpolitischen Gegner oder seine Diktatorkollegen in den anderen Staaten der Region, aber einen Wunsch hatte er mit der Mehrheit seiner Untertanen gemeinsam: Er wollte den US-amerikanischen Einfluß in Nicaragua zurückdrängen. Daß die Politiker und die wirtschaftlich Mächtigen der USA ihm feindlich gesinnt waren, konnte unter diesen Umständen nicht überraschen. Sie schlugen größtmögliches propagandistisches Kapital aus den blutigeren Aspekten der Herrschaft Zelayas, und darüber hinaus erhoben sie eine spezielle Beschuldigung gegen ihn – daß er pro-britisch wäre.
Dabei ignorierten seine amerikanischen Ankläger die an sich unverkennbare Tatsache, daß der britische Stern in Zentralamerika, weit davon entfernt, hell zu strahlen,

ziemlich verglüht war. 1896 war London vor einem möglichen Konflikt mit den USA über die Frage der venezolanischen Grenzen zurückgeschreckt (es hatte allerdings bis 1899 gedauert, ehe der Zwist endgültig beigelegt war); 1901 war der Clayton-Bulwer-Vertrag für nichtig erklärt worden; dazu kam, daß der britische Handel von großen US-Konzernen, allen voran von der Bostoner United Fruit Company (die in Zentralamerika »der Krake« genannt wurde) schwer bedrängt, ja teilweise verdrängt wurde; selbst Belize, die letzte Bastion der Engländer in der Region, war wirtschaftlich enger mit New Orleans verflochten als mit irgendeiner Hafenstadt des britischen Mutterlandes oder des britischen Empire. Die für die Engländer wichtigsten außenpolitischen Probleme lagen eindeutig in Europa und nicht in Amerika; die Wahrscheinlichkeit, daß die Engländer sich wegen Nicaragua mit den Vereinigten Staaten anlegen würden, war gering, wenn nicht gleich Null.

Gleichwohl erhoben die Vereinigten Staaten gegen Zelaya die Beschuldigung, er konspiriere mit den Engländern, und bedienten sich ihrer als Rechtfertigung (oder zumindest als eine von mehreren Rechtfertigungen) für ihre Intervention in Nicaragua zugunsten der Opponenten des Diktators, die eine Rebellion in Szene setzten – ironischerweise an der Miskito-Küste. Ohne die Unterstützung der USA hätten die Rebellen kaum Aussicht auf Erfolg gehabt. Doch Präsident Taft entsandte die Marines nach Nicaragua und begründete diesen Schritt mit der Behauptung, Zelaya destabilisiere die Region. Das traditionelle Zwillingspaar von Rechtfertigungsgründen, die Angst vor Instabilität und die Angst vor Verwundbarkeit, diente Washington nun als Vorwand für den gewaltsamen Sturz eines Regimes in einem zentralamerikanischen Land. Ein der US-Wirtschaft wohlgesonnener Politiker namens Adolfo Diaz wurde in den Sattel gehoben. Innerhalb einer bemerkenswert kurzen Zeit verschuldete sich Diaz bei amerikanischen Banken so tief, daß praktisch der größte Teil Nicaraguas diesen Gläubigern gehörte. Als sich 1912 ein Aufstand gegen ihn erhob, mußten zu seiner Niederschlagung 2600 US-Soldaten eingesetzt werden. Danach beließen die Amerikaner eine Garnison in Nicaragua. Und während all dies geschah, war nirgendwo etwas von britischen Truppen oder britischem Einfluß zu sehen. Die Ereignisse in Nicaragua zeigten sehr deutlich, daß die Briten in Zentralamerika nicht mehr viel mitzureden hatten. Die Vereinigten Staaten hatten endlich jene Stellung in der Region errungen, auf die sie seit jeher ein gleichsam natürliches Anrecht geltend gemacht hatten; sie sollten jedoch bald erkennen, daß dies ein Erfolg von zweifelhaftem Wert war.

Im 19. und frühen 20. Jahrhundert machten die politisch Verantwortlichen der USA sich, wie sie es auch später noch jahrzehntelang tun sollten, die Angst vor dem möglichen Eingreifen einer anderen Großmacht zunutze, um in Zentralamerika ihre eigenen Ziele durchzusetzen. Aber wiederum müssen wir fragen: War diese Angst berechtigt? Zwischen 1845 und 1860 bestand nur eine sehr geringe Wahrscheinlichkeit dafür, daß die Briten sich auf einen, sei es auch noch so begrenzten, Konflikt mit den Vereinigten Staaten einlassen würden; in der darauffolgenden Zeit sank diese Wahrscheinlichkeit auf Null. Gleichwohl bestand bei den Amerikanern jene Angst fort, mit der Folge, daß – sei es aus politischem Opportunismus oder aus einer wirklichen Fehlbeurteilung der Lage heraus (genau wie seinerzeit gegenüber der Heiligen Allianz) – die US-Regierung auf die politischen Ziele und Realitäten der zentralamerikanischen Völker selbst überhaupt keine Rücksicht nahm.

4

Daß die Vereinigten Staaten das ganze 19. Jahrhundert hindurch eine expansionistische Nation waren, ist unbezweifelbar. Die meisten US-Amerikaner hielten über alle Krisen und Konflikte hinweg, die die territoriale Expansion ihres Landes begleiteten, unverdrossen an der Vorstellung fest, daß es ganz in Ordnung war, den Machtbereich der USA so weit wie möglich auszudehnen. Diejenigen, die sich gegen die Politik der Annexion wandten, vermochten derselben in keinem einzigen konkreten Fall Einhalt zu tun.

Nichtsdestoweniger gab es eine Opposition gegen diese Politik, und sie war wichtig für die Geschichte der amerikanischen Außenpolitik, insbesondere gegenüber Zentralamerika. Denn wenn diese Opposition auch nie stark genug war, um in einem konkreten Fall eine Annexion zu verhindern, so führte sie langfristig doch zum Erstarken einer antiexpansionistischen (oder, wie sie sich selbst nannte, »antiimperialistischen«) Bewegung, die mit der Zeit so viel Rückhalt gewann, daß sie im ersten Jahrzehnt des 20. Jahrhunderts Anspruch auf die Regierungsverantwortung in den USA anmelden konnte – eine Entwicklung, die wichtige Implikationen für die fünf Staaten Zentralamerikas in sich barg.

Der Amerikanisch-Mexikanische Krieg von 1846, in dessen Folge Präsident James Polk einige der wertvollsten südwestlichen und westlichen Territorien der USA erwarb, war seinerzeit Gegenstand heftiger Kontroversen, und zwar nicht nur in den politischen Kreisen Washingtons. Umstritten war zunächst einmal die Frage, ob Mexiko tatsächlich der Angreifer gewesen war, wie Polk es behauptete, oder ob nicht in Wirklichkeit General Zachary Taylor den Konflikt vom Zaun gebrochen hatte. Nachdem der Krieg einmal in Gang gekommen war und man absehen konnte, daß es zu Gebietsabrundungen der USA kommen würde, wurde die Diskussion darüber, wer den

Krieg ausgelöst hatte, von der Auseinandersetzung um die Frage überlagert, wieviel Territorium die USA den Mexikanern abnehmen wollten und ob in diesen neuen Besitzungen dann die Sklaverei erlaubt werden sollte oder nicht. Beide Auseinandersetzungen wurden erbittert geführt, wobei diejenigen, die sich gegen gewaltsame Annexionen und gegen die Duldung der Sklaverei wandten, in den Forderungen ihrer Kontrahenten eine eklatante Verletzung amerikanischer Ideale und Verfassungsgrundsätze sahen. Journalisten und Intellektuelle wie Horace Greeley, Henry David Thoreau und Ralph Waldo Emerson appellierten leidenschaftlich an ihre Landsleute, sich auf den Geist der Gründer der Vereinigten Staaten zu besinnen. Sie fanden in ihrem Kampf unerwartete Bündnispartner, etwa in Gestalt des für die Sklaverei eintretenden Politikers John C. Calhoun, der sich aus der Befürchtung heraus, die neuen Territorien würden bei ihrer Aufnahme in die Union den Nicht-Sklavenstaaten zugeschlagen (und diesen damit eine Vormacht im Kongreß verschaffen), gegen eine Annexion aussprach.
Keiner dieser fähigen und eloquenten Männer konnte verhindern, daß die USA sich mexikanisches Territorium aneigneten; aber ohne ihren Protest wäre die Kriegsbeute der Vereinigten Staaten vielleicht noch weit größer ausgefallen, denn der Anti-Annexions-Bewegung gegenüber stand zu jener Zeit die sogenannte Ganz-Mexiko-Bewegung, deren Ziele durch ihren Namen hinreichend erklärt waren.
Der nächste historische Modellfall für eine mit einem bewaffneten Konflikt gegen ein anderes Land verknüpfte territoriale Expansion, der Spanisch-Amerikanische Krieg um die Wende zum 20. Jahrhundert, war, wie der Historiker Frank Freidel gezeigt hat, viel zu kurz, um wie der Krieg gegen Mexiko eine breite Opposition auf den Plan zu rufen. Ungeachtet dessen gab es gegen diesen Krieg Widerstände, sowohl im Kongreß als auch außerhalb des-

selben. Der hartnäckigste unter den Kritikern – und einer der wenigen Männer seiner Zeit, die erkannten, daß der Spanisch-Amerikanische Krieg die Verhältnisse in mehreren der umstrittenen Gebiete, namentlich auf Kuba, tatsächlich verschlimmerte – war Professor Charles Eliot Norton von der Universität Harvard. Er warf seinen Landsleuten vor, mit dem Eintritt in diesen Krieg »die wertvollsten Teile unserer nationalen Fracht über Bord zu werfen«.[19] Mit Äußerungen dieser Art zog er sich die Mißbilligung von Kollegen und Politikern zu; gleichwohl blieb er bei seiner Auffassung.

Es war jedoch nicht eigentlich der Krieg gegen Spanien, der jene Kette von Ereignissen in Gang setzte, an deren Ende schließlich die Abkehr vom Annexionismus als dem leitenden Prinzip der US-Außenpolitik stand; den Anstoß dazu gab vielmehr der Aufstand auf den Philippinen, der allerdings eine mittelbare Folgeerscheinung jenes Krieges war. Einer der Artikel des Friedensvertrages sah vor, daß Spanien den Vereinigten Staaten die Inselgruppe der Philippinen für den Betrag von 20 000 000 Dollar verkaufen sollte. Angesichts einer breiten Welle des Widerstandes in der philippinischen Bevölkerung erkannte Präsident McKinley, daß die Vereinigten Staaten für diese Inseln nicht nur einen Geldpreis bezahlen, sondern sie auch mit Gewalt würden unterjochen müssen, wenn sie sie der Union einverleiben wollten. Selbst unter denen, die den Krieg gegen Spanien befürwortet hatten, gab es viele, in deren Augen dies verdächtig nach Eroberung aussah. Und im gleichen Maß, wie sich die Brutalität der amerikanischen Reaktion auf den Aufstand steigerte (der am Ende rund 200 000 Filipinos das Leben kostete), verstärkte sich in den USA der Widerstand gegen die Annexion der Philippinen.

Der Krieg zog sich drei lange Jahre hin, und die Amerikaner erfuhren in dieser Zeit auf drastische Weise, welchen hohen Preis es kosten kann, ein Gebiet an sich bringen zu wollen, dessen Bewohner sich nicht annektieren lassen möchten. Zeitungsreporter wurden auf die Philippinen geschickt und berichteten von Grausamkeiten, die nicht nur von den Filipinos, sondern auch von amerikanischen Soldaten begangen wurden. Auch wenn diese Berichte teilweise aufgebauscht sein mochten, trugen sie den philippinischen Rebellen doch Sympathien ein. In Chicago bildete sich die Antiimperialistische Liga, an deren Spitze so namhafte Männer wie William Jennings Bryan standen; in Washington wandelte sich Senator George Frisbie Hoar, der sich vor kurzem noch eindeutig für den Krieg gegen Spanien ausgesprochen hatte, zum Befürworter eines amerikanischen Rückzugs. Charles Francis Adams jr., Präsident der Massachusetts Historical Society, und William James verurteilten den Versuch, eine Widerstand leistende Bevölkerung zu unterjochen.

James legte sich besonders ins Zeug. »Es gibt in der Laufbahn einer Nation Schlimmeres, als in finanzielle Nöte zu geraten«, erklärte er. »Sich ihre gute alte Seele und alles, was sie vor den Nationen auszeichnet, binnen fünf Minuten ohne ein Anzeichen von Unwohlsein aus dem Leib zu würgen, ist schlimmer; und das ist es, wozu die Republikaner uns auf den Philippinen anstiften möchten.«[20] Selbst ein Mark Twain setzte sich dem Tadel der Expansionisten aus, indem er erklärte, beim Anblick des philippinischen Aufstandes müßte man bei der amerikanischen Flagge »die weißen Streifen schwarz anmalen und die Sterne durch Totenschädel und gekreuzte Knochen ersetzen«.[21] Wiederum schafften es die Anti-Annexionisten nicht, den Vollzug eines konkreten expansionistischen Manövers zu verhindern: Die Vereinigten Staaten nahmen die Philippinen in Besitz. Aber die allgemeine Stimmung schlug um. Das Annexionsfieber, das das ganze 19. Jahrhundert hindurch so offen gelodert hatte, ging merklich zurück. Dies lag sicher zum Teil daran, daß die Vereinigten Staaten sich auf dem nordamerikanischen Festland territorial arrondiert hatten und daß eine weitere Expansion notwendigerweise mit überseeischen Abenteuern in der Art des philippinischen Fiaskos verbunden sein würde. Aber dies kann den Verdienst derjenigen, die sich dem annexionistischen Credo der US-Außenpolitik widersetzten, nicht schmälern. Dem erklärten Antiimperialisten Bryan war bereits im Jahr 1900 so viel Popularität sicher, daß er für das Präsidentenamt kandidieren konnte. Er schaffte den Einzug ins Weiße Haus nicht, aber nur ein Dutzend Jahre später nahm ein anderer Politiker, der ähnliche Auffassungen vertrat und von Bryan unterstützt wurde, das Rennen um die Präsidentschaft auf, und er tat es mit mehr Erfolg. Woodrow Wilson ließ keinen Zweifel daran, wie er in puncto Expansionismus dachte. Im Oktober 1913, im ersten Jahr seiner Amtszeit, erklärte er: »Ich möchte diese Gelegenheit ergreifen, um zu erklären, daß die Vereinigten Staaten künftig keinen Fußbreit Boden mehr durch Eroberung anstreben werden. Sie werden sich darauf konzentrieren, zu zeigen, daß sie einen ehrenvollen und fruchtbaren Gebrauch von ihrem jetzigen Staatsgebiet zu machen verstehen.«[22] Diese Worte waren eigens darauf gemünzt, die Befürchtungen der politischen und wirtschaftlichen Führer Lateinamerikas zu zerstreuen, die in den vorausgegangenen Jahrzehnten gelernt hatten, vor den Vereinigten Staaten auf der Hut zu sein. Wilsons klares Bekenntnis markierte einen Wendepunkt in der Geschichte der Beziehungen zwischen den USA und Zentralamerika. Was er verkündete, entsprach nicht nur seiner tiefen persönlichen Überzeugung, sondern auch einer veränderten Einstellung der amerikanischen Öffentlichkeit. Die Doktrin von der »Manifest Destiny« und die Annexionspolitik, die mit ihr einhergegangen war, hatten nicht nur an Eignung für die praktische Politik und an Attrakti-

vität verloren, sondern im Grunde jede vernünftige Rechtfertigung eingebüßt. Zwei Ursachen waren dafür maßgeblich: der rapide Aufbau der US-Marine und das noch rapidere Anwachsen des amerikanischen Außenhandels.
Der entschlossene Aufbau einer Flotte, die es mit denen der zwei großen europäischen Seemächte England und Deutschland aufnehmen konnte (inspiriert von den Doktrinen amerikanischer Seemacht-Strategen wie Alfred Thayer Mahan), bescherte den USA im Verlauf der Anfangsjahrzehnte des 20. Jahrhunderts die Fähigkeit, Entwicklungen in entfernten und weniger entfernten Weltgegenden zu beeinflussen, ohne dort direkt als annexionistische Macht aufzutreten. Dieser Einfluß war im allgemeinen groß genug, um den Schutz des Lebens und der Interessen derjenigen amerikanischen Kapitalisten zu gewährleisten, die im Ausland, beispielsweise in Zentralamerika, investiert hatten und für ihre Geschäfte auf stabile einheimische Regierungen angewiesen waren. Wilson konnte somit durchaus zutreffend erklären, der Handel habe die Annexion als das Hauptanliegen der US-Außenpolitik abgelöst – denn wenn US-Bürger sich im Ausland wirtschaftlich betätigen und Gewinne einheimsen konnten und wenn die US-Regierung diese Bürger und ihre Interessen schützen konnte, ohne in den betreffenden Ländern eine eigene Staatsverwaltung einrichten und unterhalten zu müssen, dann war der Annexionismus in der Tat zu einem überholten Prinzip geworden. So gesehen waren die Äußerungen Wilsons über das Wesen der internationalen Wirtschaft (»Ich frage mich, ob Sie begreifen, ... ob Sie sich eine Vorstellung machen von der Bedeutung der wirtschaftlichen Konjunkturen«[23]) in der Tat Ausdruck eines sehr praktischen und sehr folgenschweren Wandels in der Zielsetzung der amerikanischen Außenpolitik.
Für keine Region war dieser Wandel bedeutsamer als für Zentralamerika. Wenn Wilson glaubte, die Segnungen ei-

nes gesunden Wirtschaftsverkehrs würden über kurz oder lang dazu führen, daß in den fünf Staaten gerechtere, demokratischere Regime ans Ruder kamen, so bezeugte dies sicherlich, daß er alle Hoffnungen in bezug auf die Region hegte, aber es enthüllte andererseits auch, daß er von der Geschichte und der politischen Situation Zentralamerikas wenig begriffen hatte. Die Tatsache, daß er ausschließlich in den Kategorien der englischen und amerikanischen Geschichte und Politik dachte, sorgte, zusammen mit seinem moralischen Sendungsbewußtsein, darüber hinaus dafür, daß er die zentralamerikanischen Verhältnisse ausschließlich unter dem Blickwinkel seiner eigenen, anglo-amerikanisch geprägten Theorien sah. Beispielsweise hielt er Revolutionen, sofern sie die Verdrängung einer legitimen Regierung mit ungesetzlichen Mitteln bedeuteten, für unmoralisch.[24] Allein wie wir bereits gesehen haben, waren solche Revolutionen zu Wilsons Zeiten ein gewohnter und akzeptierter Bestandteil des politischen Geschehens in Zentralamerika – und ein gesunder Wirtschaftsverkehr allein änderte hieran wenig, wie Wilson bald feststellen mußte. Im Gegenteil, die höheren Gewinne, die sich als Folge verstärkter Wirtschaftsbeziehungen in den Kassen der amerikanischen Investoren und ihrer einheimischen Statthalter einstellten, trugen eher zur Schürung revolutionärer Stimmungen bei, da die große Mehrheit der Bevölkerung von den erwirtschafteten Reichtümern so gut wie nichts hatte.

Dieses Dilemma war letztlich die Hauptursache für die Probleme Wilsons mit und für das schließliche Scheitern seiner Pläne in Zentralamerika. Es führte zuletzt auch dazu, daß Wilson sich zum Wortführer der politischen Strategie machte, die nun an die Stelle des Annexionismus trat: des Interventionismus. Wenn annexionistische Lösungen in Zentralamerika definitiv nicht mehr in Frage kamen und zugleich der Wirtschaftsverkehr mit dieser Region nicht zu einer Stabilisierung der dortigen Regime führte (sondern sich in manchen Fällen sogar destabilisierend auswirkte), dann konnte der Ausweg aus diesem Dilemma nur in einer Politik bestehen, die den wirtschaftlichen Interessen dienlich war, *ohne* mit dem imperialistischen Beigeschmack des Annexionismus behaftet zu sein. Ob Wilson zielstrebig und bewußt an der Herausarbeitung dieses »dritten Weges« arbeitete, ist fraglich – daß er diesen Weg schließlich einschlug, ist jedenfalls sicher. Die erste regelrechte Demonstration dieser neuen Politik lieferte er 1914 in Nicaragua.

Der Mann, den die USA dort in den Sattel gehoben hatten, Adolfo Diaz, hatte zwar den Aufstand von 1912 (mit Hilfe US-amerikanischer Truppen) niedergeschlagen, tat sich aber mit der Erhaltung seiner Macht weiterhin schwer. 1914 forderte er die US-Regierung auf, Nicaragua zum Protektorat der Vereinigten Staaten zu erklären. Als Gegenleistung wollte er den USA eine Exklusivgenehmigung zum Bau und Betrieb eines Kanals durch Nicaragua erteilen. Wilsons Außenminister, der Antiimperialist Bryan, plädierte dafür, auf das Arrangement einzugehen, da es den USA seiner Ansicht nach »das Recht einräumen [würde], zu tun, was wir irgendwann vielleicht ohnehin tun müßten«[25] – nämlich in Nicaragua für innere Ordnung und Stabilität zu sorgen, im Interesse US-amerikanischer Wirtschafts- und Finanzinteressen, die zu jener Zeit in Nicaragua in bemerkenswertem Umfang vertreten waren.

Wilson sah sich in einer Zwickmühle. Einerseits würde es verdächtig nach Expansionismus riechen, wenn die USA Nicaragua zu ihrem Protektorat erklärten, andererseits betrachtete er es als seine dringliche Aufgabe, einem zunehmenden wirtschaftlichen Einfluß anderer, namentlich europäischer Mächte in Zentralamerika einen Riegel vorzuschieben. So sehr Wilson den Expansionismus ablehnte, so intensiv teilte er auf der anderen Seite das traditionelle amerikanische Mißtrauen gegenüber außeramerikanischen Einflüssen. »Welche Kräfte versuchen gemeinhin, eine Intervention der Vereinigten Staaten in lateinamerikanischen Ländern herbeizuführen?« hatte er einmal gefragt. »Immer die ausländischen Interessengruppen, Staatsgläubiger oder Konzessionäre. Sie sind die Keimlinge der Revolution und die Ursache der Instabilität.«[26] Das traf weitgehend zu, nur verschwieg Wilson, daß unter den »ausländischen Interessengruppen«, die Instabilität nach Zentralamerika trugen, auch US-amerikanische waren. Sein Glaube daran, daß die USA in Zentralamerika eine vornehme Mission zu erfüllen hatten, war unerschütterlich. Wie Walter LaFeber konstatierte, »dehnte [Wilson] die Monroe-Doktrin ausdrücklich auch auf finanzielle Engagements der Europäer – neben politischen und militärischen – aus«.[27] Nachdem er sich auf diese Weise eine Legitimation zurechtgelegt hatte, glaubte Wilson seiner antiexpansionistischen Überzeugung einmal ein bißchen untreu werden zu dürfen: Er gewährte Nicaragua den von Diaz geforderten Protektoratsstatus.

Doch hatte er die Rechnung ohne den Senat gemacht. Dieser weigerte sich, den ihm vorgelegten Vertrag mit Nicaragua zu ratifizieren, ehe nicht jeder Hinweis auf einen Protektoratsstatus daraus getilgt war (und demonstrierte damit, wie dominierend der Antiannexionismus in den USA geworden war). Diese Bedingung wurde schließlich 1916 erfüllt; der Terminus »Protektorat« kam nun im Vertragstext nicht mehr vor, aber in der Sache änderte dies freilich wenig. Der Bryan-Chamorro-Vertrag machte nicht nur Nicaragua zum De-facto-Protektorat der USA (ein Status, dem Wilson durch die Entsendung zusätzlicher Marines-Einheiten Nachdruck verlieh), er brachte auch andere zentralamerikanische Regierungen in Zorn, denen der zunehmende wirtschaftliche Machtzuwachs der USA in der Region ein Dorn im Auge war. Ganz besonders galt dies für Costa Rica, das zu jener Zeit praktisch von der United Fruit Company regiert wurde. Wilson ignorierte jedoch alle Proteste und ließ sich nicht in seiner Überzeugung beirren, daß es Aufgabe der Vereinigten Staaten sei, destabilisierende ausländische Einflüsse aus der Region zu verbannen und ihr auf dem Wege des wirtschaftlichen Austauschs die US-amerikanische Form der aufgeklärten Regierung nahezubringen – auch wenn die Region mit dieser Wohltat vielleicht gar nichts anzufangen wußte. Wie in so vielen anderen Fällen verirrte sich Wilson auch hier bei der hartnäckigen Verfolgung eines Idealziels in sehr trübe Gewässer.

Ein weiteres Mal wurde dies 1917 mehr als deutlich, und zwar am Beispiel des Landes, das sich an die Spitze der Kritik an der US-amerikanischen Zentralamerikapolitik gesetzt hatte: Costa Rica. Dort übernahm in jenem Jahr nach einer Revolution ein General namens Federico Tinoco die Macht, den Wilson aus einer Reihe von Gründen nicht schätzte, unter anderem deswegen, weil er sich das Präsidentenamt mit Gewalt verschafft hatte und somit in den Augen Wilsons ein unrechtmäßiger Herrscher war (was Wilson freilich bei den meisten anderen zentralamerikanischen Führern weniger störte, die ja, wie beispielsweise Diaz in Nicaragua, ebenfalls durch Gewaltanwendung an die Macht gekommen waren). Tinoco hatte aber noch andere Eigenheiten, die ihn für Wilson unakzeptabel machten – er war eng mit Minor Keith, dem Präsidenten von United Fruit, verbunden, von dem Wilson wenig hielt, und er machte britischen Ölgesellschaften Avancen in bezug auf mögliche Bohrkonzessionen in Costa Rica. Für Wilson war klar, daß in Zentralamerika nur US-amerikanische Gesellschaften nach Öl bohren durften: Er verweigerte der Regierung Tinoco die Anerkennung, und nicht lange danach sah Tinoco sich von der Macht verdrängt. Daß die USA sich mit der Unterstützung dieses Staatsstreichs selbst unglaubwürdig machten, darauf nahm Wilson keine Rücksicht; die Tatsache, daß ein Staatspräsident von Costa Rica (dessen Herrschaft gewiß nicht weniger legitim war als die der meisten anderen Diktatoren in der Region) das Recht hatte, zu entscheiden, wer in seinem Land nach Öl bohren durfte, kümmerte ihn ebensowenig. Was für ihn allein zählte, waren jene zwei Faktoren, die für die US-amerikanische Politik in Zentralamerika immer schon von entscheidender Bedeutung gewesen waren und die sich jetzt nur in neuem Gewand präsentierten: die Fernhaltung außeramerikanischer Einflüsse und die Erhaltung von Stabilität und Ordnung im Interesse der amerikanischen Investitionen. An die Stelle der unverblümt expansionistischen Rhetorik eines Thomas Jefferson war die handelspolitische Rhetorik Woodrow Wilsons getreten – die These, daß der wirtschaftliche Verkehr die richtige Methode zur Ausübung eines zivilisatorischen Einflusses auf die Staaten Lateinamerikas sei. Wenn reale Entwicklungen den Vollzug und den Erfolg dieser Politik gefährdeten, zögerte Wilson nicht, die Geschäftsgrundlage durch eine Intervention wieder herzustellen. Im Verlauf seiner acht Amtsjahre schickte er US-Marines nicht nur nach Nicaragua, sondern auch nach Haiti und Santo Domingo. Angetreten mit dem Versprechen, die Politik der Annexionen zu beenden, wurde er zum Befürworter einer Politik, die, wenn sie auch gewiß nicht neu war, doch dank des Rückhalts, den er ihr verschaffte, Auftrieb und Respektabilität gewann: die Politik des Interventionismus. Sie wurde in der Folgezeit zum täglichen Brot der US-Außenpolitik in der eigenen Hemisphäre.

Die Politik der Intervention, die Washington unter dem Etikett der Aufrechterhaltung innerer Stabilität und der Fernhaltung fremder Einflüsse betrieb, fand ihre längste und sichtbarste Ausprägung im Zeitraum zwischen 1924 und 1936 in Nicaragua. 1924 waren noch immer US-Marines in Managua stationiert, aber die US-Regierung war entschlossen, sie abzuziehen. Bei einem allzu abrupten Rückzug wäre man jedoch Gefahr gelaufen, das Land dem Chaos zu überantworten, und daher entschied man sich im Weißen Haus, bis nach den für 1924 angesetzten Wahlen zu warten. Die Wahlen fanden auch statt und brachten eine Koalitionsregierung ans Ruder: Carlos Solórzano, ein Konservativer, wurde Präsident, Dr. Juan Sacasa, ein Liberaler, Vizepräsident (der Leser sollte bedenken, daß die Bezeichnung »liberal« und »konservativ« in Lateinamerika eine andere Bedeutung hatten als in westlichen Demokratien; sie waren viel eher Ausdruck der gesellschaftlichen und regionalen Verbindungen eines Politikers als seiner persönlichen Überzeugung oder seiner ideologischen Ausrichtung). Unmittelbar nach der Wahl ordnete US-Präsident Coolidge die Heimkehr der US-Marines an. Nach wenigen Wochen wurde die Koalitionsregierung in Managua gestürzt; der Verlierer der Wahl inszenierte einen Staatsstreich, und sowohl Solórzano als auch Sacasa wurden ins Exil verbannt, letzterer nach Mexiko. Für Washington lag die Moral von der Geschicht' auf der Hand: Nicaragua war für die Demokratie amerikanischen Stils noch nicht reif – es sei denn, man ließ die Demokratie von amerikanischen Soldaten bewachen. Coolidge schickte die Marines wieder nach Managua, und dazu seinen Sonderberater Henry Stimson, den er angewiesen hatte, die Lage in Nicaragua zu stabilisieren und die Anstrengungen zur Schaffung einer funktionierenden Demokratie zu verdoppeln.

Stimsons erste Maßnahme bestand darin, daß er den alten US-Statthalter Adolfo Diaz wieder in den Sattel hob; bei ihm konnte man zumindest sicher sein, daß es in Nacaragua wieder Wahlen geben würde. Als nächstes stellte sich die Frage, was mit der abgesetzten Koalitionsregierung geschehen solle. Obwohl Solórzano und Sacasa in den

Augen vieler den legitimen Anspruch auf die Regierungsgewalt in Nicaragua besaßen, war Washington nicht gewillt, eine Rückkehr der Koalitionsregierung an die Macht zuzulassen – Sacasa hatte in den Augen Washingtons einen unverzeihlichen Fehler begangen, als er sich um Hilfe an die Revolutionsregierung in Mexiko wandte.
Es war dies eine bemerkenswerte Phase in der Entwicklung der Beziehungen zwischen den USA und Zentralamerika, und sie wies augenfällige Parallelen zu der Situation auf, wie wir sie heute vorfinden. Schon seit Anbeginn jener langen Reihe von Umwälzungen im »revolutionären Mexiko«, wie man sich zu sagen angewöhnte, also seit 1910, taten die Vereinigten Staaten sich sehr schwer mit diesem Land – unter Wilson hatten die Beziehungen zu Mexiko sich so sehr verschlechtert, daß Washington sogar eine Expeditionsstreitmacht über die Grenzen ins Territorium des südlichen Nachbarn entsandte. In den zwanziger Jahren waren aus dem Munde mexikanischer Politiker kühne Ankündigungen mit eindeutig sozialistischer Zielrichtung zu hören, und es gab in den Vereinigten Staaten einflußreiche Leute, die es sich in den Kopf setzten, in solchen Erklärungen ein Echo auf die bolschewistische Revolution in Rußland zu sehen. Als Sacasa sich mit der Bitte um Hilfe ausgerechnet an diese Mexikaner wandte, wurde man in Washington erst recht mißtrauisch – zweifellos versuchten die Mexikaner, ihre eigene Spielart des Sozialismus (die von den Sowjets beeinflußt sein mochte oder nicht, jedenfalls aber gegen die Interessen der Vereinigten Staaten gerichtet war) in andere Länder Zentralamerikas hineinzutragen.
Die offizielle Version dieser Doktrin formulierte Unterstaatssekretär Robert Olds im Januar 1927: »Das Territorium Zentralamerika bis hinunter zur und einschließlich der Landenge von Panama verkörpert eine legitime Einflußsphäre der Vereinigten Staaten, wenn wir es mit der

Sorge um unsere eigene Sicherheit und unseren Selbstschutz ernst nehmen wollen... Wir kontrollieren in der Tat die Entwicklung in Zentralamerika, und wir tun dies aus dem einfachen Grunde, weil unser nationales Interesse einen solchen Kurs absolut erfordert. Es gibt in dieser Region keinen Platz für irgendwelche anderen äußeren Einflüsse als den unseren. ... Das Verhalten Mexikos in der Nicaragua-Krise stellt eine direkte Herausforderung der Vereinigten Staaten dar.«[28]

Was sich in dieser Haltung offenbarte, war das Fehlen jeglicher Bereitschaft, zwei Dinge zur Kenntnis zu nehmen: einmal die Natur der mexikanischen Revolution selbst und zum zweiten das Wesen der von Sacasa angeführten nicaraguanischen Bewegung. Was das erstere betraf: die sozialistisch klingende Rhetorik der mexikanischen Führer war zum großen Teil eben nicht mehr als dies – sozialistisch klingende Rhetorik, von den Machthabern im Mund geführt, um sich die Loyalität einer unterdrückten Bevölkerung zu erhalten. Wichtiger noch war, daß den Vereinigten Staaten keinerlei ernst zu nehmende Gefahr von einem mexikanischen »Internationalismus« drohte – aber wieder einmal waren die USA gewillt, ihre Politik an einer unterstellten oder gar eingebildeten Gefahr zu orientieren. Was die Natur der von Sacasa geführten Bewegung betraf, so war sie jedenfalls von konservativerem Zuschnitt als das Regime, das in Mexiko regierte. Sacasa und sein militärischer Stabschef General José Maria Moncada waren nur insofern Revolutionäre, als sie sich der Sprache der Revolution bedienten, um die Macht zurückzuerobern.

Indes, solche Überlegungen standen dem Denken der politisch Verantwortlichen in den USA fern. Sie betrachteten Sacasa und seine Anhänger, die mit mexikanischer Hilfe das östliche Nicaragua besetzt hatten, als eine bedrohliche Gefahr – ideologisch wie auch militärisch und

politisch – und drängten darauf, diese Bewegung abzuwürgen.
Wenn man sich dies vergegenwärtigt, erscheinen die Maßnahmen von Präsident Coolidges Sonderberater Stimson in einem weit ineressanteren Licht. Stimson, ein Wirtschaftsanwalt und Diplomat, war offenbar der einzige amerikanische Politiker, der die Sacasa-Bewegung zutreffend als das identifizierte, was sie in Wirklichkeit war: eine unter vielen zentralamerikanischen Gruppierungen, die um die politische Herrschaft in ihrem Land kämpfte. Aus dieser Einsicht heraus brachte er Diaz dazu, in Verhandlungen einzutreten – nicht mit Sacasa, sondern mit Moncada. Diese Verhandlungen würden, so hoffte er, die Rivalität zwischen Sacasa und Moncada offenbaren und die Opposition spalten. Diese Kalkulation Stimsons ging auf: Moncada versuchte keineswegs, die Forderungen seines eigenen politischen Führers durchzusetzen, sondern nahm freudig die Gelegenheit wahr, sich als Mitunterzeichner eines landesweiten Waffenstillstands hervorzutun, wohl wissend, daß er zur Belohnung hierfür sehr wahrscheinlich zum Kandidaten für die Präsidentschaftswahl nominiert würde, die Stimson für das Jahr 1928 vorbereitete. Als der Waffenstillstand vereinbart war, legte Moncada die Waffen nieder, und seine Generäle taten es ihm nach – mit Ausnahme eines einzigen, und der hieß Augusto Sandino.
Im Vorfeld der Wahl von 1928 galt die Hauptsorge Washingtons der Aufrechterhaltung der Ordnung in Nicaragua *ohne* einen Einsatz der Marines. Es wurde der Plan gefaßt, eine aus Nicaraguanern bestehende Ordnungstruppe aufzubauen, die von Offizieren des US-Heers ausgebildet und in der Anfangsphase auch kommandiert werden sollte. Diese Truppe, die dann die Bezeichnung Nationalgarde erhielt, sollte sich aus der Politik heraushalten und sich darauf beschränken, die Ordnung aufrechtzuerhalten und für einen regulären Wahlverlauf zu sorgen. Ein

klarer Beweis dafür, daß die USA noch immer nicht begriffen hatten, wie der politische Hase in Zentralamerika lief, läßt sich kaum denken. Wie Walter LaFeber schrieb: »Erst später – zu spät – sahen diese Politiker ein, daß in Zentralamerika eine solche Truppe nicht über der Politik stehen, sondern mit starker Hand das politische Geschehen diktieren würde.«[29] Aber Stimson und die anderen Amerikaner waren überzeugt, eine segensreiche Idee gehabt zu haben, und verbuchten es als Erfolg, daß die Kopfstärke der Nationalgarde Jahr für Jahr zunahm.

Unterdessen hatte der unbotmäßige General Sandino in den Bergen im Norden Nicaraguas einen Guerillakrieg gegen die, wie er sich ausdrückte, »Yankee-Besatzungsmacht« begonnen. Wie einer seiner politischen Erben, Edén Pastora, fünfzig Jahre später, erklärte Sandino, die nicaraguanische »Revolution« sei verraten worden, und brandmarkte Moncada und alle die, die ihm gefolgt waren, als die Verräter. Als Moncada 1928 als Sieger aus der Wahl hervorging, lehnte Sandino es, wie nicht anders zu erwarten war, ab, ihn anzuerkennen, und erklärte, er werde erst dann seinen Guerillakrieg beenden, wenn die US-Marines Nicaragua verlassen hätten. 1929 wurde Herbert Hoover als Präsident der Vereinigten Staaten vereidigt, und Henry Stimson wurde Außenminister. Sie leiteten einen schrittweisen Abzug der Marines ein, und ebenso schrittweise ging die politische Macht in die Hände der Nationalgarde über.

Sandino ist ein interessanter Fall, der nicht der Parallelen zur gegenwärtigen Lage in Zentralamerika entbehrt. Aufgrund seines Kampfes gegen die von den USA gestützte Moncada-Regierung erwarb er sich den legendären Ruf eines heroischen Freiheitskämpfers; aber ebenso wie bei vielen anderen heute in Zentralamerika aktiven linken Widerstandsbewegungen rechtfertigten auch im Falle Sandinos die Tatsachen diese romantisierende Etikettierung nur zum Teil. Tatsächlich beruhte die unangefochtene Herrschaft Sandinos über den bergigen Nordteil Nicaraguas ebensosehr auf Terror und Unterdrückung wie auf seiner Popularität. Gewiß war er eine charismatische Persönlichkeit, aber er war auch zu barbarischen Grausamkeiten fähig (was sich beispielsweise in seiner Gepflogenheit offenbarte, Zivilisten, die ihm die Unterstützung verweigerten, mit der Machete hinrichten zu lassen). Außerdem war er zweifellos von großem politischen Ehrgeiz beseelt. Er formulierte zu keiner Zeit eine politische Philosophie, die auf einem anspruchsvolleren Fundament gestanden hätte als auf dem Kult um seine Person und auf der Forderung nach Vertreibung der ausländischen Kapitalisten und der US-Marines. Dabei müssen selbst pro-sandinistische Historiker einräumen, daß die Wahl von 1928, die ja erst durch die Anwesenheit der Marines möglich wurde, wahrscheinlich die korrekteste war, die das Land bis dahin erlebt hatte. Dies vermag nichts daran zu ändern, daß Sandino bis heute als Idol verehrt wird, eine Verehrung, die die sandinistischen Machthaber in Nicaragua fördern und sich verständlicherweise zunutze machen, indem sie ihn zum Kronzeugen für Auffassungen und Leistungen erheben, von denen es in manchen Fällen schwerfiele, zu beweisen, daß Sandino selbst je von ihnen gehört beziehungsweise sich nach ihnen gerichtet hätte.

Während Moncada eine zweite Amtszeit für sich anstrebte (obwohl die nicaraguanische Verfassung dies nicht zuließ), legte US-Außenminister Stimson besonderen Wert darauf, daß es bei der Wahl von 1932 mindestens ebenso korrekt zugehen sollte wie bei der von 1928. Er war daher entschlossen, den Plan Moncadas zu vereiteln. Beides erreichte er auch. Es gab eine Wahl, die womöglich noch freier war als die vier Jahre zuvor, wie das Ergebnis zeigte: Juan Sacasa wurde zum Präsidenten gewählt. Wenn die Vereinigten Staaten die Wahl gesteuert hätten, wie Sandino behauptete, so hätten Präsident Hoover und Außenminister Stimson zweifellos einen ihnen genehmeren Kandidaten auserkoren. Aber Hoover und Stimson ging es hauptsächlich darum, die Marines abzuziehen, und dies konnten sie nur nach einer Wahl tun, die nach allgemeiner Ansicht korrekt verlaufen war. Als Sacasa in sein Amt eingeführt war, verließen die Marines denn auch das Land. Augusto Sandino hätte nun, da die US-Soldaten abgezogen waren und sein ehemaliger politischer Führer die Macht übernommen hatte, eigentlich seine Zusage einlösen und die Waffen niederlegen müssen. Er tat es nicht. Die Nationalgarde wurde zu seinem neuen Sündenbock; ehe sie nicht aufgelöst sei, werde er, so erklärte er, seinen Kampf nicht aufgeben. Die Macht der Garde war in der Tat enorm gewachsen, so sehr, daß Sacasa es sich nicht erlauben konnte, ihre Auflösung anzuordnen. Erst als die kampfesmüden Bauern des nicaraguanischen Nordens sich auch durch Drohungen und Repressalien nicht mehr zum Weiterkämpfen unter Sandino motivieren ließen, streckte er, 1933, die Waffen und erklärte: »Jetzt, da es mit der ausländischen Intervention in Nicaragua ein Ende hat – wenn auch nur dem äußeren Anschein nach –, haben sich die Gemüter der Menschen beruhigt. Tatsächlich lastet politische und wirtschaftliche Intervention auf dem Volk, aber die Menschen erkennen sie nicht – schlimmer noch, sie glauben nicht, daß diese Intervention da ist.«[30] Diese Argumentation ähnelte verdächtig der seiner politischen Widersacher. Aber wie auch immer, der Verlust seiner Massenbasis in den Bergen zwang Sandino, in Verhandlungen mit Sacasa einzutreten, den er vor der wachsenden Macht der Nationalgarde und ihres Befehlshabers Anastasio Somoza warnte – eine begründete, aber unnötige Warnung.

Somoza war ein typisches Exemplar jener Führungsfiguren, wie sie in den dreißiger Jahren in Zentralamerika auf der Bildfläche erschienen. Gebildet, intelligent und nur allzugern bereit, brutale Gewalt anzuwenden, war er aus ärmsten Verhältnissen in die höchsten Kreise der nicaraguanischen Gesellschaft und der politischen Hierarchie des Landes emporgeklettert. Kaum jemand zweifelte daran, daß es sein Ziel war, Präsident zu werden; aber gewiß sahen auch nur wenige voraus, in welcher Manier er dieses Ziel erreichen und mit wieviel Erfolg er seine Position festigen sollte.

1934 arrangierte Somoza die Ermordnung Sandinos. Zwei Jahre später brach eine zumindest teilweise von ihm inszenierte nationale Krise aus, in deren Verlauf er die Präsidentschaft an sich riß. Anschließend machte er sich an einen gründlichen Umbau des politischen Systems (unter krasser Mißachtung der Verfassung), mit dem Ziel, seine persönliche Machtposition bis an sein Lebensende abzusichern und sie danach seinen Söhnen zu vererben. Die Vereinigten Staaten unternahmen nichts, um ihn hieran zu hindern. In Washington mußte man sich um diese Zeit mit weit schwerer wiegenden globalen und inneren Problemen herumschlagen, so daß man sich zu einem Kurswechsel in der Zentralamerikapolitik entschloß. Die Vereinigten Staaten würden nicht länger versuchen, die angestrebte Stabilität in der Region durch die Installierung demokratischer Regime herbeizuführen – das kräftezehrende und frustrierende Engagement in Nicaragua hatte die US-Politiker veranlaßt, sich wieder auf den Standpunkt eines Jefferson und eines Adams zu besinnen: daß die Lateinamerikaner unfähig waren, sich selbst demokratisch zu regieren. An den Zielsetzungen der US-Außenpolitik selbst – innere Stabilität in den Ländern Zentralamerikas und Fernhaltung ausländischer Einflüsse – hatte sich freilich nichts geändert, ja, sie waren den US-Politikern 1936 vermutlich wichtiger denn je. Die einfachste Politik bestand unter diesen Vorzeichen darin, in jedem zentralamerikanischen

Land diejenige Person oder Partei zu unterstützen, die die beste Gewähr dafür zu bieten schien, daß die Ordnung aufrechterhalten und die Loyalität zu den Vereinigten Staaten bestehen blieb. Im Falle Nicaraguas war diese Person Anastasio Somoza. Vergleichbare Figuren gab es in Guatemala, El Salvador und Honduras. Als Herrscher waren diese Männer von unterschiedlicher Güte (im doppelten Sinn des Wortes), aber in einem Punkt waren sie einander gleich: daß sie durchweg für Stabilität und für Treue zu den Vereinigten Staaten standen.

Im Zeichen dieser neuen, höchst bequemen Strategie für die Region versäumten es die Vereinigten Staaten, diejenige Regierung zu unterstützen oder auch nur richtiggehend anzuerkennen, die als einzige Fortschritte in demokratischer Richtung erkennen ließ: die von Costa Rica. Zwei Männer, Ricardo Jimenez Oreamund und Cleto Gonzalez Viquez, wechselten sich dort in den zwanziger und dreißiger Jahren im Amt des Staatspräsidenten ab. Gewiß hatten sie keine größere Neigung als ihre Kollegen in den vier anderen Staaten, etwas von ihrer persönlichen Machtvollkommenheit abzugeben, aber die Ziele und Zwecke, für die diese beiden Männer ihre Macht einsetzten, waren von ganz anderer Qualität. Den Forderungen ihrer Bevölkerung nach gerechteren, sozialeren Bedingungen Rechnung tragend, führten sie zwischen 1924 und 1936 nicht nur Landreformen durch und gewährten größere politische Freiheit (was sich unter anderem in der Legalisierung der kommunistischen Partei niederschlug), sondern verwirklichten auch noch andere politische Programme, die in ihrer Summe Costa Rica letztlich die Möglichkeit eröffneten, als einziges Land in Zentralamerika eine funktionierende Demokratie zu entwickeln.

Die Vereinigten Staaten nahmen hieran wenig Anteil. Unter dem noch frischen Eindruck von fünfundzwanzig Jahren Enttäuschung und Frustration in Nicaragua vertrauten die politisch Verantwortlichen der USA die Geschicke Zentralamerikas einer neuen aufstrebenden Klasse an: den Führern der militärischen Eliten (bzw. deren zivilen Repräsentanten). Diese Eliten griffen während der Wirtschaftskrise der dreißiger Jahre nach der Macht, und in dem Maße, wie sie ihre Machtpositionen ausbauten, festigte sich die Überzeugung der Regierenden in Washington, daß sie nun endlich eine Lösung für die unaufhörlichen Probleme Zentralamerikas gefunden hatten. Nicht daß sich die Eingeweihten in Washington jemals einer Täuschung darüber hingegeben hätten, was für Charaktere die Führer neuen Typs waren, die sich in Zentralamerika jetzt etabliert hatten – Franklin Roosevelt sagte über Somoza: »Er ist ein Hurensohn, aber er ist unser Mann.«[31]

5 Während des Zweiten Weltkriegs arbeiteten US-amerikanische und lateinamerikanische Militärs eng zusammen, um zu verhindern, daß die deutschen oder japanischen Streitkräfte irgendwo in der Hemisphäre Fuß faßten. Die USA waren 1940 zum führenden Lieferanten militärischer Ausrüstung (und Ausbildung) für die Armeen der lateinamerikanischen Staaten geworden, deren Bemühungen sich (ganz im Sinne Washingtons) ebensosehr auf die Aufrechterhaltung innerer Stabilität wie auf die Abwehr eventueller feindlicher Handlungen der Achsenmächte konzentrierten. Die Vereinigten Staaten bedurften, besonders in der Frühphase des Weltkriegs, dringend der Stabilität und Unterstützung in und aus ihrer eigenen Hemisphäre. Die Führer der zentralamerikanischen Staaten wurden in ihrer Entschlossenheit, beides im Interesse Washingtons sicherzustellen, zu keinem Zeitpunkt wankend.

Als dann das Kriegsende kam und von einer Bedrohung

Zentralamerikas durch die Achsenmächte nicht mehr die Rede sein konnte, entdeckte die US-Regierung flugs eine neue Gefahr; und sie drohte nicht von Mexiko oder Großbritannien, sondern, mit den Worten des Stellvertretenden Staatssekretärs für Interamerikanische Angelegenheiten, Edward Miller, von der »politischen Aggression des Kommunismus gegen die Hemisphäre«.[32] Das Aufrücken der Angst vor dem Kommunismus zur zentralen Determinante der amerikanischen Außen- und Mittelamerikapolitik stellte einen markanten Wendepunkt dar. Mehr als ein Jahrhundert lang hatte Washington seine beiden größten auf Zentralamerika bezogenen Phobien – die Angst vor Instabilität und vor dem Eindringen außeramerikanischer Einflüsse – dadurch zu bewältigen versucht, daß man der Förderung und Entwicklung demokratischer Strukturen nach US-Muster (sei es durch wirtschaftlichen Verkehr oder durch Intervention) mindestens ebenso hohe Priorität einräumte wie der Erzwingung direkter Sicherheitsgarantien. Nach Ausbruch des kalten Krieges trat dieser Gesichtspunkt jedoch zunehmend in den Hintergrund. Es war nun auch längst nicht mehr soviel die Rede von der Notwendigkeit, neue Märkte zu erschließen, obwohl der Einfluß der US-Konzerne noch immer groß war und deren Interessen in Zentralamerika mit denen des Außenministeriums weitgehend parallel liefen. Das alles andere überschattende Ziel der US-Außenpolitik in der Region bestand jetzt einfach darin, die fünf zentralamerikanischen Staaten vor dem Weg in den Kommunismus zu bewahren. Im Zuge ihres dreieinhalb Jahrzehnte währenden Kampfes für dieses Ziel gerieten die aufeinanderfolgenden amerikanischen Präsidenten und ihre Berater zunehmend auf einen politischen Kurs, der ihre ursprünglich separaten Ängste vor Instabilität einerseits, fremdem Einfluß andererseits letztlich völlig ineinanderfließen ließ. Diese Entwicklung sollte sich in vollendeter Form in der Politik

Ronald Reagans offenbaren; in ihr verkörpert sich geradezu klassisch die traditionelle Unfähigkeit (bzw. die fehlende Bereitschaft) Washingtons, die politischen Realitäten Zentralamerikas zur Kenntnis zu nehmen.
Im Jahr 1950 entsandte das US-Außenministerium seinen hochrangigen Sowjetexperten George F. Kennan zu einer Konferenz der US-Botschafter in Südamerika nach Rio de Janeiro. Seine Interpretation der Rolle und Stellung Lateinamerikas im Rahmen der Politik der USA gilt noch heute, über dreißig Jahre später, den meisten amerikanischen Politikern als unantastbare Offenbarung. Kennan definierte mehrere Ziele: Sicherung der Rohstoffe der Region (und ihre Verfügbarkeit für die Vereinigten Staaten), vorsorgliche Verhinderung eines militärischen Fußfassens feindlicher Mächte (insbesondere der Sowjetunion) in Lateinamerika und Abwehr jeglicher ideologischen Beeinflussung, durch die die Völker der Region gegen die USA eingenommen werden könnten.[33]
Das Wichtigste aber war, wie Kennan meinte, daß man nirgendwo eine Machtübernahme der Kommunisten zuließ. »Es ist besser«, erklärte er, »ein autoritäres Regime an der Macht zu haben als eine liberale Regierung, falls diese nachgiebig und unaufmerksam und von Kommunisten durchsetzt ist.«[34] Außenminister John Foster Dulles äußerte wenige Jahre später, vielleicht unter dem beunruhigenden Eindruck der Reformpolitik einer neuen Regierung in Guatemala, ähnliche Ansichten. »Die Verhältnisse in Lateinamerika«, sagte er, »lassen sich in etwa mit den Verhältnissen vergleichen, die Mitte der dreißiger Jahre in China herrschten, als die kommunistische Bewegung dort ihren Anfang nahm. ... Wenn wir uns nicht vorsehen, werden wir eines Morgens aufwachen und in der Zeitung lesen, daß in Südamerika das gleiche passiert ist wie 1949 in China.«[35]
Dulles wollte dafür sorgen, daß so etwas während seiner

Amtszeit nicht vorkam. 1954 inszenierte der CIA einen seither als Meisterstück der verdeckten politischen Aktion gerühmten Putsch, dem die Regierung des bürgerlichen Liberalen Jacobo Arbenz Guzmán zum Opfer fiel. Arbenz Guzmán hatte die Kommunistische Partei Guatemalas legalisiert, hatte eine Landreform eingeleitet und die Enteignung des Grundbesitzes der United Fruit Company angedroht. Als er auch noch begann, Waffen aus dem Ostblock zu importieren, war sein Los besiegelt.
Dulles hatte zunächst versucht, andere Staaten Lateinamerikas zu einer militärischen Intervention in Guatemala zu bewegen; er hatte sie davon zu überzeugen versucht, daß eine Regierungsbeteiligung von Kommunisten (und in der Regierung von Arbenz Guzmán saßen tatsächlich einige Kommunisten) »gefährlicher ist als eine offene physische Aggression«.[36] Als er feststellen mußte, daß die angesprochenen Regierungen durchweg wenig Lust zeigten, sich an einer Aktion zu beteiligen (was ganz der geschichtlichen Tradition Lateinamerikas entsprach), ließ er die Vorkehrungen für ein verdecktes geheimdienstliches Vorgehen zum Sturz der Reformregierung anlaufen. Der Putsch verlief relativ geräuschlos, hauptsächlich deshalb, weil die Streitkräfte es der Regierung übelnahmen, daß sie eine bewaffnete Arbeiter- und Bauernmiliz aufgestellt hatte, und daher keinen Finger rührten, um Arbenz Guzmán zu Hilfe zu kommen. Der amerikanische Botschafter in Guatemala berichtete stolz, der Putsch habe mit nur »45minütiger Verspätung« geklappt.[37]
Dieser »Erfolg« brachte freilich das Land nicht etwa der Demokratie näher – die Förderung der Demokratie war ja auch, wie wir gesehen haben, nicht mehr das erstrangige (oder auch nur zweitrangige) Ziel der Zentralamerikapolitik der USA. Stephen Schlesinger und Stephen Kinzer haben in ihrer hervorragenden Studie *Bitter Fruit* geschildert, wie der von den USA als Exekutor des Staatsstreichs

ausersehene Oberst Carlos Castillo Armas das Land mit Bestechung, Erpressung und Dekreten zu regieren versuchte, bis er 1957 von einem seines Regimes überdrüssigen Soldaten ermordet wurde. Castillos Militärclique konnte sich jedoch an der Macht halten, bis nach einer Serie aufeinanderfolgender Wahlen General Miguel Ydigoras Fuentes, ein aus dem Exil operierender rechtskonservativer Militärführer, für sechs Jahre zum Staatspräsidenten gewählt wurde. Seine Politik rief eine von idealistischen jungen Offizieren getragene Guerillabewegung hervor, die 1962 einen Aufstand versuchte, der jedoch mit amerikanischer Hilfe niedergeschlagen wurde.
Ein Jahr später kam es zu einem erneuten Staatsstreich, der eine weitere Phase der Diktatur einleitete. Es ist möglich, daß Washington an diesem Putsch nicht direkt beteiligt war, aber gewiß wußte die US-Regierung, was vor sich ging, und billigte es stillschweigend. Die bedrückende politische Geschichte Guatemalas ist bis auf den heutigen Tag eine Geschichte zunehmender Militarisierung und zunehmender militärischer Herrschaft. Wie Schlesinger und Kinzer schreiben: »Das Hauptziel der Militärführer war es, die politische Mitte zu eliminieren. Jeder, der das Regime nicht unterstützte, war gleichsam definitionsgemäß ein Linker und damit ein Staatsfeind. Die Militärs glaubten offenbar, durch die Ausschaltung der politischen Mitte jede Aussicht auf die Etablierung einer gemäßigten Regierung zunichte machen zu können und dem Land damit nur eine sterile Wahl zwischen einem revolutionären kommunistischen Regime und der herrschenden Militärdiktatur zu lassen.«[38]
Präsident John F. Kennedy rief 1961 die Allianz für den Fortschritt ins Leben, die durch die Förderung von Reformen in Lateinamerika gewalttätige Revolutionen verhindern helfen sollte; diese Initiative trug indes wenig dazu bei, Distanz zwischen den Vereinigten Staaten und den

Militärregimen in Zentralamerika zu schaffen. In Nicaragua herrschten unangefochten Luis und Anastasio Somoza (nachdem ihr Vater 1956 einem Attentat zum Opfer gefallen war), und in Guatemala festigten die regierenden Militärs ihre Macht. In Honduras und El Salvador dagegen gewannen demokratische Kräfte an politischem Einfluß, und in Costa Rica, das seit 1948 keine Streitkräfte mehr besaß, entwickelte sich eine parlamentarische Demokratie. Kennedy hoffte offenbar, daß, wenn sich in einigen Ländern Lateinamerikas demokratische Strukturen bilden würden, ihr Beispiel auch anderswo den Anstoß zu demokratischen Entwicklungen geben könnte.
Unglücklicherweise hatte die Allianz für den Fortschritt einen wenig überzeugenden Start: Einen Monat nachdem Kennedy angekündigt hatte, daß die Vereinigten Staaten im kommenden Jahrzehnt einhundert Milliarden Dollar nach Lateinamerika pumpen würden, unternahmen vom CIA ausgebildete kubanische Exilsöldner einen Landungsversuch in der kubanischen Schweinebucht und erlitten eine vernichtende Niederlage. Eine weitere Hypothek war, daß Kennedy, indem er von bevorstehenden revolutionären Veränderungen sprach, bei den lateinamerikanischen Völkern Hoffnung erweckte, die sich niemals erfüllten. Schon nach kurzer Zeit gestand Kennedy ein, daß er »deprimiert« sei (ein Wort, das nach dem Zeugnis von Theodore Sorensen »in seinem Wortschatz Seltenheitswert hatte«) angesichts »der Größe der Probleme, mit denen wir konfrontiert sind..., die Bevölkerungszunahme, der Preisverfall bei Exportartikeln..., die schweren innenpolitischen Probleme. ... Die Allianz für den Fortschritt... hat teilweise versagt, weil die Probleme fast unlösbar und von den Vereinigten Staaten jahrelang vernachlässigt worden sind... sowie von einigen der Gruppen in Lateinamerika selbst..., in mancher Hinsicht erscheint der Weg [heute] länger als damals zu Beginn der Reise.«[39]

Die Allianz für den Fortschritt hatte sich von Anfang an fast ebensosehr um die Bekämpfung gewaltsamer Revolutionen gekümmert wie um die Gewährung wirtschaftlicher Entwicklungshilfe. In Lateinamerika war ersteres gleichbedeutend gewesen mit der Gestellung amerikanischer Ausbilder für Polizei und Streitkräfte und mit Hilfen bei der Aufstellung von Spezialeinheiten zur Bekämpfung von Aufständischen. Was Mittelamerika betraf, so entstand hier 1963 unter der Ägide Washingtons der Mittelamerikanische Verteidigungsrat (CONDECA). Costa Rica trat diesem Sicherheitspakt nicht bei und übte wiederholt Kritik an ihm.
Damit waren die Weichen für eine Politik gestellt, die den Militärs die Hauptrolle bei der Aufrechterhaltung der Ordnung und selbst bei der Bewerkstelligung sozialer Fortschritte zuschob. Unter Lyndon Johnson trat der sicherheitspolitische Aspekt der Allianz für den Fortschritt in den Vordergrund. Hatte Kennedy gewohnheitsmäßig »revolutionäre« Veränderungen in der Sozialstruktur der lateinamerikanischen Länder gefordert (während er zugleich mit den militärischen Eliten derselben Länder über die Aufrechterhaltung der inneren Stabilität, d.h. über die Niederhaltung kommunistischer Bewegungen, sowie über die bevorzugte Behandlung US-amerikanischer Investoren verhandelt hatte), so war das für Johnson nichts anderes als »ein Haufen Blödsinn«.[40] In seiner Amtszeit entledigte die US-Regierung sich auch noch der letzten Restbestände des ursprünglichen Kennedy-Planes, der kubanischen Agitation durch wirtschaftliche Hilfen und durch die Förderung sozialer Reformen den Wind aus den Segeln zu nehmen. An der Militärhilfe machte man natürlich keine Abstriche. Denkbar, daß Washington gewisse Hoffnungen in das Heranwachsen einer professionellen und politisch neutralen militärischen Kaste setzte. Aber rigorose Forderungen an die herrschenden Gruppen, der militärischen

Unterdrückung ein Ende zu setzen, wurden zu keiner Zeit gestellt.
Die politische Philosophie Johnsons, deren Grundgedanke besagte, daß konstruktive gesellschaftliche Veränderungen eigentlich nur von reformerischen Militärregimen zu erwarten waren, blieb in weitgehend unveränderter Form auch unter Nixon gültig. 1969 empfahl Nelson Rockefeller, den Nixon mit dem Auftrag nach Lateinamerika geschickt hatte, Vorschläge für eine neue Politik zu unterbreiten, in seinem dem Kongreß zugeleiteten Bericht militärische Lösungen für die Konflikte in der Region. Er wies darauf hin, daß es seit 1961, dem Gründungsjahr der Kennedyschen Allianz für den Fortschritt, »in den anderen amerikanischen Republiken siebzehn Staatsstreiche gegeben hat, weit mehr als in jeder vergleichbaren Periode in der Geschichte der westlichen Hemisphäre«. Die meisten dieser Umstürze waren von militärischen Gruppierungen inszeniert worden, und man hätte annehmen sollen, daß Rockefeller dafür Worte der Mißbilligung finden würde. Aber er verteidigte das Verhalten der Militärs: »Ohne ein Mindestmaß an innerer Ordnung ist kein Fortschritt möglich.« Daraus folgte in seinen Augen, daß die USA daran festhalten sollten, Ausbildung und Ausrüsung für die Polizei und die Streitkräfte der Länder Lateinamerikas zur Verfügung zu stellen; eine solche Politik sei, so meinte er, noch am besten geeignet, langfristig die Chance für »Verbesserungen in der Lebensqualität der Bevölkerung« zu bieten. Zwar riet Rockefeller auch zu einigen wirtschaftlichen Hilfsmaßnahmen, aber die »wesentliche Kraft für konstruktiven sozialen Wandel« war für ihn das Militär.[41]
Die USA hatten inzwischen ihre Wirtschaftshilfe kontinuierlich gekürzt, teilweise wegen ihres zunehmenden Zahlungsbilanzdefizits; dagegen lief die Militärhilfe, wie gesagt, ungeschmälert weiter, und daneben erhielten die zentralamerikanischen Regime überaus großzügige Kredi-

te zur Anschaffung weiterer Rüstungsgüter. Zwischen 1973 und 1980 stiegen die Kosten, die die zentralamerikanischen Länder jährlich für Öleinfuhren aufwenden mußten, von 189 Millionen auf 1,5 Milliarden Dollar.[42] Angesichts großer Militärapparate, die finanziert werden mußten, blieb für andere staatliche Aufgaben nur noch wenig übrig. Das Gespenst der Revolution begann umzugehen.
Jimmy Carter wollte in bezug auf Lateinamerika von dem rein machtpolitischen Ansatz Nixons wegkommen. Bei seinem Amtsantritt hob er sein Engagement für die Menschenrechte hervor. In ihrer Widersprüchlichkeit und ihren anderen Unzulänglichkeiten erwies die Politik Carters sich als Gegenstück zu Kennedys Allianz für den Fortschritt. In einigen Ländern Südamerikas, etwa in Brasilien oder Argentinien, rettete sein Eintreten für die Menschenrechte sicherlich etlichen Menschen das Leben und brachte manchen politischen Gefangenen die Freiheit. Wie Kennedy wollte auch Carter in Zentralamerika einschneidende gesellschaftliche Veränderungen *ohne* Revolution (nur daß es bei Carter tragikomisch wirkte); allerdings bot er den Ländern Lateinamerikas nicht einmal symbolische wirtschaftliche Hilfen an, um das Heranreifen revolutionärer Situationen zu verhindern.
Die Revolution in Nicaragua 1979 brachte das endgültige Ende der Somoza-Herrschaft. Gegen Ende der 70er Jahre wurde klar, daß Anastasio Somoza (Luis war 1967 verstorben) und seine verhaßte Nationalgarde die Kontrolle über das Land verloren. Sie hatten Habgier, Folter und Unterdrückung zu weit getrieben und mit der Ermordnung von Pedro Joaquin Chamorro, dem geachteten Herausgeber von *La Prensa*, das Faß zum Überlaufen gebracht. Die meisten organisierten nicaraguanischen Bevölkerungsgruppen, darunter die führenden Unternehmer und die Geistlichkeit, schlossen sich der Opposition gegen Somoza an. Die Carter-Regierung sah den Sturz der Somoza-Dy-

nastie nicht ohne Genugtuung, fürchtete aber zugleich eine Machtübernahme der Linken. Der sowjetische Einmarsch in Afghanistan trug ein übriges dazu bei, die Position der unversöhnlich antikommunistischen Kräfte in der US-Administration zu stärken.
Carters Haltung gegenüber Somoza war von der für ihn typischen Inkonsequenz gekennzeichnet. In der Hoffnung, die Exzesse des Diktators eindämmen und ein zweites Kuba in Zentralamerika verhindern zu können, gratulierte er Somoza in einem geheimen Brief zur Verbesserung der Menschenrechtssituation in Nicaragua und forderte ihn auf, eine freiere politische Betätigung zu ermöglichen. Diese vertrauliche Bekundung war ebenso töricht wie nutzlos: Wenige Wochen später kam es zu neuen Massakern der Nationalgarde. Zu spät versuchte Washingtcn auf eine gemäßigte Mitte zu setzen, die es nicht mehr gab. Nach der sandinistischen Revolution arbeitete Carter darauf hin, die Nationalgarde bis zu den für 1981 angesetzten Wahlen vor der Auflösung zu bewahren. Die Nationalgarde sollte die sandinistische Front in Schach halten, die von Marxisten geführt wurde, wenngleich sich in ihren Reihen auch nichtmarxistische Geschäftsleute und Akademiker fanden. Für Somoza selbst gab es, daran ließ auch Carter keinen Zweifel, im neuen Nicaragua keinen Platz mehr, aber die »Ordnung« sollte auch nach dem Weggang des Diktators aufrechterhalten bleiben. Doch die Nationalgarde war in den Augen der nicaraguanischen Bevölkerung hoffnungslos kompromittiert. Die Carter-Regierung forderte die Aufstellung einer Friedenstruppe aus den Mitgliedsländern der Organisation Amerikanischer Staaten, fand damit jedoch keinen Widerhall. Schließlich kam es zur Machtübernahme der Sandinisten. Sie versprachen öffentlich, daß es in Nicaragua unter ihrer Herrschaft ein pluralistisches politisches System und eine gemischte

Wirtschaft geben werde, und bekannten sich außenpolitisch zum Prinzip der Blockfreiheit.
Daraufhin änderte Carter ein weiteres Mal seinen Kurs. Washington überwies den Sandinisten knapp 20 Millionen Dollar Wirtschaftshilfe. Wenige Monate später, im September 1979, forderte er vom Kongreß die Bewilligung von 75 Millionen Dollar als weitere Wirtschaftshilfe für Nicaragua. Allein, zu diesem Zeitpunkt war Carter die Kontrolle über den Kongreß (den er auch in seinen besten Zeiten nie sehr fest im Griff gehabt hatte) weitgehend entglitten. Die Parlamentarier ließen sich mit der Behandlung seines Antrags bis Januar 1980 und dann noch einmal sechs Monate Zeit, ehe sie die Gelder endgültig bewilligten. Zu diesem Zeitpunkt hatte Nicaragua, der Zahlungsunfähigkeit nahe, bereits eine Reihe von Handelsverträgen mit dem Ostblock geschlossen. Die Sandinisten hatten den Wahltermin auf unbestimmte Zeit verschoben, und Ende 1980 untersagten sie politische Kundgebungen der Opposition und verschärften die Zensur.
Ob Carter und der Kongreß dadurch, daß sie zuwenig gaben und sich dafür zuviel Zeit ließen, die Chance vergaben, Einfluß auf die Politik der Sandinisten zu nehmen und sie in eine demokratischere Richtung zu lenken, ist eine offene Frage. Fest steht jedoch, daß das Verhalten der Regierung Carter von den traditionellen Zielsetzungen der USA in Zentralamerika bestimmt war – die innere Ordnung (sprich: die Machtverhältnisse) in Nicaragua sollten soweit wie möglich aufrechterhalten, ein möglicher sowjetisch-kubanischer Einfluß abgeblockt werden.
Ein ähnliches Schema zeigte sich in El Salvador, wo sich ebenfalls, und zwar zu Beginn der 70er Jahre, eine Art demokratische Entwicklung anzubahnen schien. 1972 gewann der Demokrat José Napoleón Duarte die Präsidentschaftswahl, und Guillermo Ungo (der heute der Befreiungsfront FMLN angehört) wurde Vizepräsident. Aber

die Militärs stürzten die gewählte Regierung; daraufhin radikalisierte sich die politische Szene, was praktisch zum Verschwinden der gemäßigten Mitte führte. Duarte und Ungo gingen ins Exil. Die revolutionäre Guerilla erhielt Zulauf; ihre Aktivität wurde von der extremen Rechten mit einem Terror beantwortet, der bald epidemische Ausmaße annahm. 1979 endlich stürzte eine Gruppe jüngerer Offiziere das korrupte Militärregime und kündigte ein gemäßigtes Reformprogramm an, das unter anderem eine bescheidene Umverteilung des im Lande vorhandenen Wohlstands zugunsten der Armen vorsah. Ein erklärtes Ziel der Junta war es darüber hinaus, der Guerillabewegung das Wasser abzugraben.
Das Problem, das sich den reformistisch gesinnten Offizieren stellte, hieß: Wie war eine Umverteilung des Bodens zu bewerkstelligen, ohne daß man die Armee als Institution gefährdete (denn ein großer Teil der ranghöheren Offiziere stand eindeutig in enger Verbindung mit der kleinen Schicht reicher Großgrundbesitzer, denen der größte Teil des kultivierbaren Bodens gehörte und deren Machtstellung sich auf die Streitkräfte stützte). Der neuen Regierung gehörten mehrere nahmhafte Politiker der gemäßigten Richtung an, darunter Guillermo Ungo; doch die Regierungsmitglieder, die der Grundbesitzer-Oligarchie nahestanden, verstanden es, alle Reformversuche abzublocken. (Allein in der ersten Woche nach der Machtübernahme der Junta wurden einhundertsechzig Menschen von Polizeikräften getötet.) Im Dezember forderte das Kabinett die Streitkräfte ultimativ auf, sich der Autorität der zivilen Regierung zu unterwerfen. Als die Armee auf dieses Ultimatum pfiff, trat das Kabinett im Januar 1980 zurück. Der Erkenntnis Tribut zollend, daß sie sich gegen die reaktionäre Militär- und Grundbesitzerkaste nicht durchsetzen konnten, flohen fünf der führenden Köpfe der Reformjunta 1980

ins Ausland. Ein konservatives Militärregime übernahm die Macht in El Salvador.
Wieder einmal setzte Washington auf autoritär herrschende Offiziere, von denen viele ihre Ausbildung in den USA erhalten hatten. Die Regierung Carter beantragte im Kongreß 5,7 Millionen Dollar für militärische Ausrüstungszwecke, um, wie sie sich ausdrückte, den Streitkräften von El Salvador »die Ausübung ihrer Schlüsselrolle bei der Durchführung von Reformen zu erleichtern«. Das Landreformprogramm kam, wie gehabt, nicht recht voran, und die regierenden Offiziere zeigten wenig Neigung, demokratische politische Aktivitäten zuzulassen.[43]
Als die Amtszeit Carters zu Ende ging, hatten die verschiedenen in El Salvador operierenden Guerillagruppen den Ratschlag Castros befolgt und sich zu einer Einheitsfront zusammengeschlossen; ihr gehörten nun Gemäßigte wie Ungo und sogar einige Christdemokraten an. Bestanden irgendwelche Aussichten darauf, die gemäßigteren der in der Befreiungsfront zusammengeschlossenen Kräfte von den extremeren abzuspalten und sie zu einer Zusammenarbeit mit den Resten der legal operierenden christdemokratischen Partei zu bewegen? In eine solche Richtung dachte man in der Regierung Carter gar nicht. Man war jetzt fixiert auf die Gefahr eines Sieges und einer Machtübernahme der Revolutionäre.
Um dieser Möglichkeit einen Riegel vorzuschieben, empfahl Carter unmittelbar vor Ablauf seiner Amtszeit die Gewährung einer beträchtlichen Militärhilfe für die salvadorenische Junta; die Regierung Reagan ließ sich das nicht zweimal sagen. Was die Mittelamerikapolitik Carters betraf, so war die Empfehlung, die er Reagan hinsichtlich El Salvadors hinterließ, nur das letzte in einer langen Reihe widersprüchlicher Manöver; immerhin nahm sie sowohl die Politik der Regierung Reagan vorweg als auch die Schlußfolgerungen der von Reagan später eingesetzten

»neutralen« Zentralamerika-Kommission. Wie Walter LaFeber es formulierte: »Carter wollte beides: einerseits die Militärregime brandmarken (und damit in ihrer Legitimation schwächen) und die Repressivität ihres Regierungsstils verringern und andererseits diesselben Regime zu einer wirksameren Bekämpfung revolutionärer Bewegungen veranlassen.«[44]

In diesem Sinne versuchte Carter, sowohl die Herrschaft Somozas in Nicaragua aufrechtzuerhalten als auch die Übergriffe und Greueltaten der Nationalgarde einzudämmen – auf deren Bajonetten die Macht Somozas im wesentlichen ruhte! Er beklagte die Ermordung US-amerikanischer Nonnen und gemäßigter politischer Führer in El Salvador und empfahl sogleich eine beträchtliche Erhöhung der Militärhilfe für die Junta, die ihre schützende Hand über die für jene Mordtaten sehr wahrscheinlich Verantwortlichen hielt. Während man der Politik Carters zugute halten muß, daß sie nicht die Bedenkenlosigkeit der Politik Ronald Reagans aufwies, muß man ihr andererseits doch vorhalten, daß sie aufgrund ihres unausgegorenen moralischen Anspruchs und ihrer Orientierung an ausgesprochen widersprüchlichen Zielen im Ergebnis fast ebensoviel zur Verschlechterung der politischen Lage in Zentralamerika beigetragen hat.

In den 35 Jahren nach Ende des Zweiten Weltkriegs konnte in der Bewältigung der charakteristischen wirtschaftlichen und sozialen Probleme Zentralamerikas im Grunde kein wirklicher Fortschritt erzielt werden; in mancher Beziehung waren sogar Rückschritte zu verzeichnen. Je öfter die Vereinigten Staaten ihren Pakt mit elitären Militärkasten und autoritären Herrschern verlängerten, desto mehr sahen diejenigen, die den sozialen Wandel in der Region vorantreiben wollten, sich gezwungen, anderswo Hilfe und Unterstützung zu suchen, vor allem bei den Kubanern und bei deren Schutzmacht, der Sowjetunion.

Weit davon entfernt, die Angst vor Instabilität und fremder Einmischung als überzogen zu erkennen und abzulegen, knüpften die Vereinigten Staaten diese doppelte Angst in der Zeit nach 1945 lediglich an ein neues, erweitertes Feindbild. In der widersprüchlichen Politik der Regierung Carter spiegelten sich die politischen Mißverständnisse der amerikanischen Politiker des frühen 19. Jahrhunderts – daß mehr Demokratie (oder zumindest gerechtere gesellschaftliche und politische Strukturen) in Zentralamerika zwar wünschenswert, die Völker der Region aber nicht in der Lage seien, dies aus eigener Kraft zu erreichen. Jimmy Carters Glaube, daß das Militär der Motor des sozialen Fortschritts sein könne, war ein Echo der Ansichten von Lyndon Johnson und Richard Nixon und verleugnete zugleich den wahren Grund für den Pakt der USA mit den demokratiefeindlichen Eliten: das Verlangen nach Aufrechterhaltung innerer Stabilität und nach Fernhaltung ausländischer Einflüsse.

Die Konsistenz, die die USA in ihrer Zentralamerikapolitik über einen Zeitraum von einhundertsechzig Jahren hinweg bewahrte, ist bemerkenswert. Und 1980 wurde mit Ronald Reagan ein Präsident gewählt, unter dem die Ängste Washingtons vor Revolution und vor äußeren Bedrohungen in der Region – und ebenso auch die Bereitschaft, ja Entschlossenheit, beides notfalls mit Gewalt zu bekämpfen – stärker waren als zu irgendeiner anderen Zeit in der Geschichte der USA.

ZWEITER TEIL

1 Die Regierung Reagan sieht das, was sich in Mittelamerika abspielt und zusammenbraut, fast ausschließlich durch die Brille des kalten Krieges. Reagan bestritt seinen Wahlkampf mit einem republikanischen Parteiprogramm, das sich über die »Versuche der Marxisten, El Salvador, Guatemala und Honduras zu destabilisieren«, beklagte. Die Probleme in der Region ließen sich, so erklärte der Präsident drei Jahre später, darauf zurückführen, daß »die Sowjetunion und Kuba die Revolution exportieren«. Diese These in immer neuen Varianten aufzutischen, wird Reagan nicht müde. »Wenn man bis an die Quelle der Probleme in Mittelamerika [er hätte ebensogut sagen können: in der Welt] vordringt«, erklärte er im Juli 1983, »dann muß man, glaube ich, über die Sowjetunion sprechen.«[1] Im Verteidigungsministerium teilt man diese Ansicht. Wie Nestor D. Sanchez, einer der höchsten Amtsträger im Pentagon, erklärte: »Die Sowjetunion ist dabei, einen Anschlag auf diese unsere Hemisphäre anzuzetteln, der gefährlicher ist als ihr Griff nach Westeuropa in der Nachkriegsära.«[2]

Ihren allgemeinen Zielsetzungen nach hat sich die Zentralamerikapolitik der USA seit der Verkündung der Monroe-Doktrin nicht verändert: Nach wie vor geht es Washington darum, äußere »Bedrohungen« von den Ländern der Region abzuwenden und deren innere Stabilität zu gewährleisten. Die USA haben diesen Zielen gemäß gehandelt, ohne sich dabei groß darum zu kümmern, wie die Staaten Zentralamerikas selbst (um deren Interessen es ja angeblich ging) oder die anderen benachbarten Regionalmächte darüber dachten. Die Regierung Reagan hat sich auf eine Politik der zunehmenden Militarisierung der Konflikte in der Region verlegt, eine Politik, die, wie kaum anders zu erwarten, zu einer dramatischen Zunahme der gesellschaftlichen und politischen Spannungen und der Gewaltanwendung geführt hat. Angesichts dieser Entwicklung werden die Chancen, daß es zu Verhandlungen und Verhandlungslösungen kommt – sowohl zwischen den rivalisierenden Gruppen innerhalb der einzelnen Staaten als auch zwischen deren Regierungen (untereinander wie auch mit Washington) –, zunehmend geringer.

In Nicaragua und El Salvador fand Ronald Reagan bei seinem Amtsantritt gegensätzliche politische Konstellationen vor. In Nicaragua verabschiedeten sich die Sandinisten von einigen Dingen, die sie anfänglich versprochen hatten: außenpolitisch blockfrei zu bleiben, für eine gemischte Wirtschaft und für die Bewahrung eines politischen Pluralismus zu sorgen. De facto lehnten sie sich stark an Kuba an, indem sie beispielsweise sechstausend kubanische Berater ins Land holten. Darunter waren zwar viele Ärzte und Lehrer, aber auch politische Aktivisten, die zunehmend Einfluß in den sandinistischen Basisorganisationen gewannen, sowie Militärberater, die eine wichtige Rolle bei der Ausbildung der Streitkräfte des neuen Nicaragua spielten, die bald auf 50 000 Mann anwuchsen und damit das größte stehende Heer in Zentralamerika bildeten. Kubaner halfen auch beim Aufbau eines Nachrichtendienstes und einer Sicherheitspolizei.

In ihrer Außenpolitik schwenkten die Sandinisten zunehmend auf den Kurs der Sowjetunion ein; beispielsweise verweigerten sie ihre Zustimmung zu einer UN-Resolu-

tion, in der der sowjetische Einmarsch in Afghanistan verurteilt wurde. Und während sie verbal die Vorzüge einer gemischten Wirtschaft priesen, verschärften sie in Wirklichkeit die staatliche Kontrolle über die Wirtschaft – getreu ihrer programmatischen Forderung, die Produktionsmittel unter gesellschaftliche Verfügung zu stellen.[3] Und was den politischen Pluralismus betrifft, so begannen die Sandinisten, die Presse zu zensieren und politische Kundgebungen der Opposition zu verbieten. Sie förderten den Aufbau einer sogenannten Volkskirche, geleitet von Geistlichen, die das sandinistische Regime unterstützten, während zur gleichen Zeit die römisch-katholische Amtskirche, die ursprünglich für die Revolution Partei ergriffen hatte, zunehmend Kritik an der marxistisch-leninistischen Tendenz der Regierung übte. 1982 hob die Regierung die Bestimmung auf, die Inhaftierten ein Anrecht auf Haftprüfung durch einen unabhängigen Richter garantierte.
Wenn das Regime auch die nicht-sandinistischen Gewerkschaften offiziell anerkannte, so bemühte es sich doch in der Folge nach Kräften, diese Gewerkschaften unter staatliche Kontrolle zu bringen. 1980 wurde der Sandinistische Arbeiterbund gegründet, der dem von der Sowjetunion dirigierten Weltgewerkschaftsbund beitrat. Seither hat die Regierung wiederholt versucht, die führenden Männer der sozialdemokratisch und christlich orientierten Gewerkschaften einzuschüchtern; im Juli 1983 sollen führende Funktionäre der Hafenarbeiter verhaftet worden sein, während sie über einen Vorschlag diskutierten, aus dem Sandinistischen Arbeiterbund auszuscheiden und sich den sozialdemokratischen Gewerkschaften anzuschließen.
Während dieser Zeit dachte man in Washington niemals ernsthaft darüber nach, ob man nicht durch ein anderes Verhalten eine andere Politik der Sandinisten hätte herbeiführen können – beispielsweise eine weniger ausgeprägte Orientierung an Kuba. Statt dessen hielt man es für

richtig, Nicaragua die Wirtschaftshilfe zu kürzen, ihm keinen Zucker mehr abzukaufen und schließlich einen »heimlichen Krieg« zu beginnen, den vom CIA ausgerüstete und trainierte Exil-Nicaraguaner vom benachbarten Honduras aus führen und von dem man in Washington hofft, daß er eines Tages zum Sturz der Regierung in Managua führt. Viele der für diesen Krieg rekrutierten Kämpfer, der sogenannten Contras, gehörten früher der berüchtigten Nationalgarde Somozas an; ausgerechnet auf diese Gruppe zu setzen ist gewiß die unglaubwürdigste Strategie, wenn man dem nicaraguanischen Volk eine »demokratische Alternative« zu den Sandinisten präsentieren möchte. Alfonso Robelo, politischer Führer einer der rivalisierenden Exilgruppen, die von Costa Rica aus operieren, wies darauf hin, daß die USA dadurch, daß sie den Krieg der Contras unterstützen, lediglich eine Solidarisierung der Bevölkerung mit den Sandinisten bewirken.
In El Salvador hatte es 1981 für kurze Zeit den Anschein, als tue sich eine verheißungsvolle Chance auf, revolutionären Bestrebungen durch eine Erweiterung demokratischer Mitbestimmungsrechte den Wind aus den Segeln zu nehmen. Diese Chance ergab sich nach dem Scheitern einer Guerilla-Offensive. Die Regierung Reagan versäumte es jedoch, die Situation für die Aufnahme von Verhandlungen mit der Befreiungsfront zu nützen, und entschied sich statt dessen für eine Strategie, die auf einen vollständigen militärischen Sieg über die Rebellen abzielt. Wiederum wurde einer militärischen Lösung der Vorzug vor einer möglichen diplomatischen gegeben, und als sich zeigte, daß die salvadorenischen Streitkräfte nicht in der Lage waren, den avisierten Sieg zu erringen, fiel Washington wiederum nichts Besseres ein, als für eine verstärkte und verbesserte Ausbildung der Truppen in den USA oder in US-amerikanischen Ausbildungslagern in Honduras zu sorgen. Und natürlich die Militärhilfe zu erhöhen. Wäh-

rend 1980 die Militärhilfe der USA für El Salvador 6 Millionen Dollar betragen hatte, waren dafür im Haushaltsjahr 1984 schon 65 Millionen Dollar veranschlagt.
Den nächsten Beweis dafür, daß sie nicht gewillt war, vorhandene Möglichkeiten für Verhandlungen zu nutzen, lieferte die Regierung Reagan im Sommer 1983. Am 17. Juli einigten sich die Präsidenten von vier lateinamerikanischen Staaten – Mexiko, Venezuela, Kolumbien und Panama, nach dem Ort ihrer Konferenz die Contadora-Gruppe genannt – auf eine dringende Empfehlung, in der sie die sofortige Aufnahme von Verhandlungen forderten, um der »rapiden Verschlechterung der Lage in Zentralamerika« Einhalt zu gebieten. Der von ihnen vorgelegte Plan sah unter anderem den Abzug aller ausländischen Militärberater und die Auflassung aller ausländischen Militärstützpunkte vor. Konkret empfahlen sie ein Quidproquo zwischen dem Abzug der kubanischen Berater aus Nicaragua und dem Rückzug der US-Berater aus El Salvador und der US-Ausbildungseinheiten aus Honduras. Sie forderten ferner einen Stopp aller Waffenlieferungen nach und zwischen den Ländern der Region und schlugen vor, alle Staaten Zentralamerikas sollten verbindlich erklären, daß sie sich nicht in die Angelegenheiten ihrer Nachbarstaaten einmischen würden. Damit war sicherlich auch gemeint, daß Nicaragua sich hätte verpflichten müssen, keine Waffen mehr nach El Salvador zu liefern, während Honduras und Costa Rica gehalten gewesen wären, die Aktivitäten der von ihrem Territorium aus operierenden konterrevolutionären Gruppen zu unterbinden.[4] Auf die Vorschläge der Contadora-Gruppe eingehend (die im Oktober 1983 in einem 21 Punkte umfassenden »Katalog von Zielen« näher ausgeführt wurden), erklärte Fidel Castro, er sei für »Verhandlungslösungen« in jedem Fall zu haben. Und kündigte ferner öffentlich an, daß Kuba seine Militärhilfe für Nicaragua vollständig einstellen würde, falls ein Abkommen

zustande käme, in dem sich »alle Länder [verpflichteten], keine Waffen und Berater nach Zentralamerika zu schicken«.[5]
Am 19. Juli 1983, dem 4. Jahrestag der sandinistischen Revolution, erklärte auch die Regierung in Managua ihre Bereitschaft, sich an internationalen Gesprächen zur Sicherung des Friedens in der Region zu beteiligen, und forderte ein »bedingungsloses Ende aller Waffenlieferungen aus allen Ländern an die streitenden Parteien in El Salvador« – ein stillschweigendes Eingeständnis der Tatsache, daß Nicaragua die dortigen Rebellen tatsächlich mit Waffen belieferte. Die Regierung Reagan antwortete hierauf mit der Erklärung, sie begrüße die Initiative Nicaraguas. Aber dann tat sich nicht das geringste. Die Vorschläge der Contadora-Gruppe wurden überschattet von der Entscheidung Reagans, amerikanische Kriegsschiffe zu Manövern in die Gewässer vor den Küsten Zentralamerikas zu entsenden. Der Präsident zerredete die vorhandenen Ansätze darüber hinaus, indem er verkündete, seiner Ansicht nach würde die Gesamtheit aller amerikanischen Staaten ein geeigneteres Forum für das Aushandeln einer Lösung der Probleme der Region darstellen als die vier Staaten der Contadora-Gruppe.[6]
Welche Motive hinter dem offenkundigen Desinteresse der USA an diplomatischen Lösungsversuchen steckten, wurde (wenn je Zweifel daran bestanden) klarer, als Fred Iklé, Unterstaatssekretär im Pentagon, am 12. September 1983 vor dem Baltimore Council on Foreign Affairs sprach. Er sagte unter anderem, Nicaragua sei »gefährlicher als Castros Kuba, weil es eine schwer zu bestimmende Landgrenze zu Honduras und Costa Rica aufweist«. Aus diesem Grund forderte er den Kongreß auf, Mittel für die Unterstützung der »demokratischen Widerstandskräfte in Nicaragua« zu bewilligen, die den Sturz des Sandinisten-Regimes betreiben. Selbst wenn es gelänge, die Guerillas

in El Salvador unter Kontrolle zu bekommen, werde, so erklärte er, »den Vereinigten Staaten zum Schutz der Demokratien [in Zentralamerika] möglicherweise nichts anderes übrigbleiben, als in diesen Ländern dauerhaft Truppen zu stationieren, wie in Korea oder Westdeutschland«. Oder deutlicher noch: Wenn es den USA nicht gelinge, »die Konsolidierung eines Sandinisten-Regimes in Nicaragua zu verhindern, das zu einer Waffenkammer der Subversion, zu einer sicheren Bastion für den Export von Gewalt werden würde..., müssen wir uns mit der Aussicht auf eine Teilung Zentralamerikas anfreunden. Eine solche Entwicklung würde uns dann dazu zwingen, eine neue militärische Front des Ost-West-Gegensatzes, hier auf unserem eigenen Kontinent, zu eröffnen.«
Von diesem Standpunkt aus hat es freilich sehr wenig Sinn, von Verhandlungen mit den Sandinisten – oder auch mit der Befreiungsfront in El Salvador – irgend etwas Konstruktives zu erwarten. Und natürlich kann man sich, wenn man so denkt, auch von Verhandlungen mit Castro, »einem Strohmann der Sowjets«, nichts versprechen. Und in der Tat scheint es, als ob die Regierung Reagan bislang zu keinem Zeitpunkt großes Interesse an Verhandlungen hatte. Im Oktober 1981, als die Sprecher der Rebellen in El Salvador »Verhandlungen ohne Vorbedingungen« anboten, verlief ihre Initiative im Sand; als im Frühjahr 1982 die Sandinisten positiv auf Vorschläge der US-Regierung reagierten, erklärte ein Sprecher des State Department, das sei nichts als Bluff.[7] Kein Wunder, daß Washington sich nicht um die Vorschläge der Contadora-Gruppe scherte. Die Regierung Reagan hat in Zentralamerika nicht etwa schlechte oder frustrierende Erfahrungen mit Verhandlungen gemacht; sie hat nie ernsthaft daran gedacht, überhaupt in Verhandlungen einzutreten.
Ende 1983 warteten die Sandinisten mit einer Reihe neuer Friedensvorschläge auf, die in vier Vertragsentwürfen ent-

halten waren – für Nichtangriffspakte zwischen Nicaragua und Honduras sowie zwischen Nicaragua und den Vereinigten Staaten, für ein multilaterales, von allen zentralamerikanischen Staaten zu unterzeichnendes Nichtangriffsabkommen und für einen als »Beitrag zur friedlichen Beilegung des bewaffneten Konflikts in der Republik El Salvador« deklarierten Vertrag. Die Contadora-Staaten wurden gebeten, sich als Garantiemächte für die Einhaltung dieser Verträge zur Verfügung zu stellen.
Die Vertragsentwürfe sahen die Einstellung jeglicher Militärhilfe und jeglicher Waffen- und Munitionslieferungen an gegeneinander kämpfende Parteien in El Salvador und Nicaragua vor. Sie sollten ferner die Tätigkeit von Prüfungskommissionen in Nicaragua und den anderen zentralamerikanischen Ländern ermöglichen. Washington lehnte eine Erörterung der Vertragsentwürfe ab und forderte Nicaragua lapidar auf, sie der Contadora-Gruppe zu unterbreiten.[8]
Die Sandinisten entschlossen sich daraufhin zu einigen versöhnlichen Schritten. Sie forderten die salvadorenischen Rebellenführer zum Verlassen des Landes auf, lockerten die Pressezensur, legten einen Zeitplan für Wahlen vor (der Wahltermin wurde mittlerweile auf Ende 1984 festgesetzt), offerierten dem privaten Unternehmertum bestimmte Garantien und nahmen Gespräche mit den Kirchenführern auf, die sich besorgt über die leninistische Tendenz der sandinistischen Politik zeigten. Und sie veranlaßten, was der außenpolitischen Signalwirkung nach wohl das Wichtigste war, eintausend kubanische Militärberater sowie eintausendzweihundert kubanische Lehrer und Techniker zur Rückkehr nach Kuba. Diese Maßnahmen wurden zu einem Zeitpunkt getroffen, da in Managua die Furcht vor einer US-Invasion (wie kurz zuvor auf Grenada) zunahm. Sie waren aber auch Hinweis auf die Tatsache, daß die Sandinisten von den sozialistischen Regierun-

gen einiger Länder Westeuropas sowie von Mexiko und Venezuela mit Forderungen nach mehr Pluralismus im Innern bedrängt wurden.[9]
Die Regierung Reagan zeigte keine Neigung, diese neuen Ansätze ernst zu nehmen. Sie betrachtete die von den Sandinisten gemachten Zugeständnisse offenbar als rein taktische und vorübergehende Schachzüge, darauf berechnet, Zeit zur Konsolidierung der revolutionären Errungenschaften zu gewinnen.[10] 1984 wurde zusehends deutlicher, daß Washington einen radikalen Kurswechsel in Nicaragua anstrebte und sich mit einer hinter diesem Ziel zurückbleibenden Lösung nicht begnügen würde. Nicaragua zu isolieren genügte den USA nicht; es galt, den Sandinisten den Marxismus auszutreiben.
Obwohl die Regierung Reagan die Sandinisten stets verteufelt hat, bezeichnet sie immer wieder El Salvador als den gefährlichsten Unruheherd in Zentralamerika und wird nicht müde, die Aussichten auf eine friedliche Beilegung des dortigen Bürgerkriegs in den düstersten Farben zu malen. Im März 1982 fanden in El Salvador unter der Schirmherrschaft der USA Wahlen statt. Sie brachten ein Ergebnis, das die extreme Rechte praktisch zum Zünglein an der Waage der Macht werden ließ; wenngleich Washington die Militärs dazu drängte, einen gemäßigten Konservativen zum Präsidenten zu wählen, lief das Ganze angesichts der in El Salvador seit eh und je herrschenden Machtkonstellation darauf hinaus, daß die Vereinigten Staaten bei der Suche nach einer Konfliktlösung fast ausschließlich mit Gesprächspartnern aus den Reihen des Militärs zu tun hatten. Die Regierung hat sich denn auch dafür entschieden, einen neuen Kader junger Offiziere heranzuziehen, die, so hofft man in Washington, einerseits demokratische Reformen einleiten und andererseits mit verstärkten Kräften gegen die Guerilla kämpfen werden. Durch eine Vergrößerung des Offizierskorps auf etwas

mehr als 2000 Mann (gegenüber rund 400 in den 70er Jahren) glaubt die US-Regierung zudem, mehr Distanz zwischen der Grundbesitzer-Oligarchie und dem Offizierskorps schaffen zu können, die bislang eng miteinander verflochten waren. Zum erneuten Mal die Lehren der Geschichte ignorierend, verschließen Reagan und seine Berater die Augen vor der Einsicht, daß diese Politik, wie sich in der Vergangenheit immer wieder gezeigt hat (am deutlichsten vielleicht am Beispiel Nicaraguas und der Nationalgarde der Somozas), nicht zu einer inneren Demokratisierung El Salvadors führen wird, sondern zu einer Verlagerung der Macht in die Hände einer neuen Elite. Daran würde die US-Regierung aber offenbar keinen übermäßigen Anstoß nehmen, räumen doch führende US-Militärs ein, daß die Streitkräfte El Salvadors den Bürgerkrieg wohl nur siegreich beenden können, wenn man einer neuen, ehrgeizigen Offizierskaste die Chance gibt, sich zu etablieren.[11] Der militärische Sieg über die Aufständischen ist und bleibt aber für Washington das übergeordnete Ziel, und diesem Ziel dient es, wenn amerikanische Offiziere in Honduras und in Fort Benning salvadorenische Soldaten ausbilden.

Daß diese Strategie Früchte trüge, läßt sich bis heute beim besten Willen nicht behaupten. Die von den Amerikanern ausgebildeten salvadorenischen Regierungstruppen boten fast durchweg ein schwaches Bild, als die Rebellen 1984 zur Offensive antraten. Wie amerikanische Militärberater zugeben mußten, stießen die Aufständischen nur auf geringen Widerstand seitens der Regierungssoldaten, deren Kampfkraft unter logistischen Mängeln, einer mangelhaften Koordination zwischen den Befehlshabern der einzelnen »Sektoren« und nicht zuletzt unter einer schlechten Kampfmoral litt.[12] Es scheint, als ob der Anreiz und die Motivation zum Kämpfen bei den Regierungssoldaten gering sind, zumal seit die Rebellen dazu übergangen sind,

ihre Gefangenen freizulassen; die Söhne der Oberschicht werden nicht zum Kriegsdienst herangezogen.
1983 und im ersten Halbjahr 1984 ermordeten in El Salvador rechtsradikale Todesschwadronen mit Wissen und Duldung der Streitkräfte Tausende von Zivilisten. Die salvadorenische Menschenrechtskommission, die unter der Ägide der katholischen Kirche arbeitet, bezifferte die Zahl der von den Todesschwadronen getöteten Zivilisten allein für die ersten sechs Monate von 1983 auf zweitausendsiebenhundert. Angesichts eines Kongresses, der nicht bereit war, weitere Gelder für El Salvador zu bewilligen, wenn sich nicht die Menschenrechtssituation merklich verbesserte, begann die Regierung Reagan die salvadorenischen Militärs zu einem wirksamen Vorgehen gegen die an den Mordaktionen Beteiligten zu drängen. Die salvadorenische Armee bequemte sich schließlich dazu, zwei Exoffiziere zu präsentieren, die angeblich etwas mit den Morden zu tun hatten. Demgegenüber erklärte Robert White, der abberufene ehemalige US-Botschafter in El Salvador: »Männer, die für die Ermordung von Zivilisten verantwortlich sind, sind noch heute in Abteilungen des Nachrichtendienstes tätig, befehligen militärische Garnisonen und führen Truppeneinheiten, die von den USA ausgebildet worden sind und denen Massaker auf dem Lande vorgeworfen werden.«[13] Belege aus jüngster Zeit erhärten diese Behauptung: Abgeordnete des amerikanischen Kongresses erhielten von einem Exangehörigen der salvadorenischen Streitkräfte (der sich anonym und aus der Sicherheit seines Exilortes in einem südlichen US-Bundesstaat äußerte – als Gegenleistung erhielt er Geld und Garantien für seine persönliche Sicherheit) Informationen über Gliederung und Arbeitsweise der salvadorenischen Todesschwadronen. Seinen Aussagen nach sind die Schwadronen direkt hohen Amtsträgern in der Regierung von El Salvador unterstellt, darunter dem Exverteidi-

gungsminister José Guillermo Garcia, seinem Amtsnachfolger Eugenio Vides Casanova, dem Chef der Finanzpolizei, Oberst Nicolas Carranza (der unlängst als bezahlter CIA-Informant enttarnt wurde, eine Enthüllung, durch die die Forderungen Washingtons nach einem Ende der Aktivitäten der Schwadronen nicht gerade an Glaubwürdigkeit gewinnen) und dem Führer der rechtsradikalen ARENA-Partei, Roberto d'Aubuisson.[14] Solchen eindeutigen Hinweisen zum Trotz ist bislang nicht ein einziger Angehöriger der Todesschwadronen für irgendeinen der mehr als zwanzigtausend Morde an Zivilisten zur Rechenschaft gezogen worden, die in den letzten Jahren begangen worden sind. Doch George Shultz, Reagans Außenminister, war von der Entwicklung in El Salvador offenbar so angetan, daß er am 31. Januar 1984 verkündete, die Regierung des Alvaro Magana habe in puncto Menschenrechte »beträchtliche« Fortschritte erzielt und könne sich in dieser Beziehung »wirklich sehen lassen«.[15] Diese Äußerungen waren zweifellos darauf berechnet, dem Kongreß und der amerikanischen Öffentlichkeit das Einschwenken auf den politischen Kurs der Regierung Reagan zu erleichtern, deren erklärtes Ziel nach wie vor darin besteht, die Etablierung marxistisch ausgerichteter Regierungen in Zentralamerika zu verhindern beziehungsweise rückgängig zu machen.

Die Beschäftigung mit der Geschichte des Verhältnisses zwischen den USA und den Ländern Zentralamerikas zeigt nachdrücklich, daß die Politik, die heute von der Regierung Reagan betrieben wird, weder originell ist noch große Chancen hat, zum Erfolg zu führen. Der Präsident und seine Berater zeigen indes ebensowenig Interesse an der Beherzigung geschichtlicher Lehren wie an der Aufnahme von Verhandlungen. Indem sie sich an ideologischen Maximalforderungen orientieren, statt nach praktikablen, den Frieden in der Region sichernden Lösungen zu suchen, und indem sie die Diplomatie zugunsten eines militärischen Vorgehens vernachlässigen, haben sie sich praktisch die Möglichkeit eines militärischen Rückzugs aus der Region verbaut. Selbst eine noch so gutwillige Regierung – und nichts spricht dafür, daß ein demokratischer US-Präsident in bezug auf Zentralamerika einen wesentlich anderen Kurs steuern würde als die jetzige Regierung – würde vermutlich feststellen müssen, daß die Aufgabe, die US-Präsenz in der Region abzubauen und die Gegensätze zu entschärfen, nur sehr schwer zu lösen ist.

2 In den Anfangsjahren der Amtszeit Ronald Reagans war oft das (altbekannte und wohl auch künftig unverwüstliche) Argument zu hören, ein Rückzug der USA, und sei es auch aus einem Land, dessen Regierung Zivilisten ermorden läßt und nicht aus eigener Kraft mit seinen Feinden fertig wird, werde Zweifel an der »Glaubwürdigkeit« der Vereinigten Staaten aufkommen lassen; schon deshalb müßten sie ihr militärisches Engagement aufrechterhalten. Dies war für die Regierung Reagan sicherlich der bestimmende Gesichtspunkt. Das Argument findet jedoch nicht die ungeteilte Zustimmung der US-Bürger, und spätestens vom Frühjahr 1983 an, als offenkundig wurde, daß die Politik Washingtons auf eine flagrante Militarisierung der Konflikte in der Region hinauslief, nahm die Diskussion über die Zentralamerikafrage einen zentralen Platz in der innenpolitischen Auseinandersetzung der USA ein.
Angesichts des Präsidentschaftswahlkampfes fühlte sich die Regierung Reagan zudem genötigt, unter Beweis zu stellen, daß sie gegenüber den Problemen Zentralamerikas eine verständnisvollere Haltung einzunehmen bereit

war, als ihre Kritiker es ihr zutrauten. Dazu kam der Wunsch, denjenigen, die behaupteten, Reagan ermangele es in Zentralamerika ebenso wie in allen anderen Bereichen an einer klaren, durchdachten langfristigen Außenpolitik, die höheren Ansprüchen als bloß der Demonstration militärischer Stärke genügen würde, den Wind aus den Segeln zu nehmen. Dies war der Hintergrund, vor dem die Idee Reagans und seiner Berater zu sehen ist, eine »neutrale« (d.h. aus Repräsentanten der beiden großen Parteien, führenden Vertretern der US-Wirtschaft sowie einigen Wissenschaftlern zusammengesetzte) Kommission zu bilden und sie mit der Erstellung eines Berichts über die Lage in Zentralamerika zu beauftragen. Zum Kommissionsvorsitzenden wurde der ehemalige Außenminister Henry Kissinger ernannt. Reagan versprach, den Ratschlägen der Kommission, die ihre Befunde noch vor Ende 1983 dem Präsidenten direkt vorlegen sollte, ernste Beachtung zu schenken.

Der Bericht der Kissinger-Kommission über Zentralamerika ist zweifellos das bis heute bedeutsamste amtliche Dokument über die Beziehungen zwischen den USA und dieser Region. Die unterschiedlichen Ausgangspositionen und Tätigkeitsbereiche der Kommissionsmitglieder und das starke öffentliche Interesse, das ihrer Ermittlungstätigkeit gewidmet und ihrem Bericht entgegengebracht wurde, ließ darauf schließen, daß viele, wenn nicht die meisten US-Bürger ungeduldig darauf warteten (und noch warten), daß endlich Fortschritte in Richtung auf eine Beendigung des endlosen Krieges in Zentralamerika erzielt werden. Deswegen und weil so viele der in dem Bericht angesprochenen Probleme uns noch heute unter den Nägeln brennen, scheint mir ein näheres Eingehen auf die Befunde der Kommission unverzichtbar.

Was an dem Bericht am meisten in die Augen stach, waren seine Widersprüche. Auf der einen Seite bezeichnete die

Kommission Nicaragua als einen gleichsam unwiderruflich gefährlichen Handlanger der sowjetischen und kubanischen Machtinteressen und El Salvador als ein hauptsächlich von äußeren Kräften bedrohtes Land. Daraus wäre eigentlich zu schließen gewesen, daß Verhandlungen mit der Regierung Nicaraguas oder mit der salvadorenischen Opposition von Anfang an zur Aussichtslosigkeit verdammt und daß nur militärische Pressionen geeignet wären, den amerikanischen Interessen Geltung zu verschaffen. Auf der anderen Seite empfahl der Bericht der US-Regierung, Verhandlungen mit den Sandinisten aufzunehmen, und versicherte, diese könnten, wenn sie ernsthaft geführt würden, dazu beitragen, daß in Zentralamerika Friede einkehren würde.

Der wesentliche Schwachpunkt des Berichts war jedoch, daß er ausdrücklich die »Glaubwürdigkeit« der Vereinigten Staaten mit einer bestimmten wünschenswerten Entwicklung in zwei kleinen, schwachen und armen Ländern Zentralamerikas verknüpfte. Wenn Washington die Existenz eines marxistischen Regimes in Nicaragua zuließ und/oder El Salvador seinem Schicksal überließ, dann müßte, so der Bericht, der Eindruck entstehen, die Vereinigten Staaten seien nicht stark genug, die Entwicklung in ihrer eigenen Einflußsphäre unter Kontrolle zu halten, und dies würde dann das »globale Gleichgewicht der Macht« gefährlich erschüttern. In diesem Punkt lieferte der Bericht nur eine Neuauflage dessen, was Präsident Reagan am 27. April 1983 in seiner Rede vor den beiden Häusern des Kongresses erklärt hatte: »Wenn wir uns dort [in Zentralamerika] nicht verteidigen können, dürfen wir nicht erwarten, daß wir uns anderswo durchsetzen. Unsere Glaubwürdigkeit würde zusammenbrechen, unsere Bündnisse würden zerfallen...«

Wie glaubwürdig jemand ist, hängt von der subjektiven Einschätzung der anderen ab. Der Bericht der Kissinger-

Kommission schloß mit der Beschreibung einer Situation, in der die Politik der USA von der US-Öffentlichkeit und damit auch von anderen daraufhin bewertet würde, ob sie zu einem bedeutsamen Erfolg oder zu einer bedeutsamen Niederlage führen würde. Dabei wurde, wie wir noch sehen werden, aus dem Bericht an keiner Stelle ersichtlich, welche bedeutsamen Interessen der USA in Zentralamerika direkt auf dem Spiel stehen.
Im Tenor ähnelte der Bericht in bemerkenswerter Weise dem Rockefeller-Report von 1969. Man hatte den Eindruck, als hätten diejenigen, die die Empfehlungen zu Papier brachten, die Geschichte der Region vor und nach der Rockefeller-Mission einfach nicht zur Kenntnis genommen. Wieder einmal wollten die Vereinigten Staaten die Verwirklichung ihrer politischen Pläne für Zentralamerika den dortigen Militärs anvertrauen; sie sollten als Motoren der Reform agieren.[16] Mit Hilfe riesiger Summen an Wirtschaftshilfe – vorgeschlagen wurden 8,4 Milliarden Dollar im Verlauf von fünf Jahren – sollten demokratische Entwicklungen in Ländern gefördert werden, in denen, sieht man einmal von Costa Rica ab, eine demokratische Tradition praktisch nicht existiert. Unter Hinweis darauf, daß das Machtgleichgewicht mit der Sowjetunion gewahrt bleiben müsse, empfahl die Kommission ferner eine »signifikante Erhöhung des Militärhilfeprogramms«.[17] Sie referierte Schätzungen des Pentagon, denen zufolge für El Salvador in den Jahren 1984 – 1985 vierhundert Millionen Dollar aufgewendet werden müßten – mehr als das Dreifache des derzeitigen Betrags –, um zu verhindern, daß Zentralamerika ins Schwerefeld der Sowjetunion geriet. Offensichtlich machte die Kommission sich diese Schätzung unkritisch zu eigen, ohne die Streitkräfte, die das Geld erhalten sollten, unter die Lupe zu nehmen oder die Frage zu stellen, wie zweckmäßig das Geld ausgegeben werden würde.

Weitgehend das gleiche läßt sich über die Empfehlung sagen, die Wirtschaftshilfe für die sieben Länder der Region (der Bericht nannte neben den herkömmlich dazugezählten fünf Staaten noch Belize und Panama) von den für das Finanzjahr 1984 bereits bewilligten 477 auf 877 Millionen Dollar zu erhöhen. Die acht Milliarden Dollar, die nach Ansicht der Kommission in dem Zeitraum von 1985 bis 1990 in die sieben Länder fließen sollen, würden ungefähr einer »Verdoppelung der US-amerikanischen Wirtschaftshilfe, gemessen am Niveau von 1983«, entsprechen. Wofür dieses Geld im einzelnen verwendet werden soll, um die Armut zu lindern, unter der nach Feststellungen der Kommission »der größte Teil der Bevölkerung der Region leidet«, ließ der Bericht im unklaren. Die Kommission empfahl den Vereinigten Staaten, zu überprüfen, »welche nicht zollmäßigen Barrieren gegen Einfuhren aus Zentralamerika andere bedeutende Handelsnationen aufgerichtet haben«. In einem abweichenden Votum kritisierte der Volkswirtschaftler Carlos Diaz-Alejandro die »Zaghaftigkeit« der Kommission, weil sie es nicht gewagt hatte, »eine weitere Öffnung des US-amerikanischen Marktes für Importe aus Zentralamerika zu empfehlen«; dies kontrastiere »kraß mit den Aussagen über die strategische Bedeutung dieser Region für die USA«.
Gewiß, der Bericht versäumte es nicht, das Problem der sozialen Strukturen in der Region anzusprechen. »Wenn die wirtschaftliche Erholung nicht mit gesellschaftlichem Fortschritt und politischer Reform einhergeht«, stellte er fest, »wird die zusätzliche Wirtschaftshilfe letzten Endes vergeudetes Geld sein. Andererseits stünden ohne wirtschaftliche Erholung die Aussichten für die politische Entwicklung und die Sicherheit düster.« Bezeichnenderweise sagte die Kommission nichts darüber, was sie zu der Erwartung bewog, daß es in El Salvador zu Fortschritten und politischen Reformen kommen würde, angesichts der Tat-

sache, daß es dort mit der angekündigten Landreform nicht vorangeht, daß gewerkschaftliche Aktivisten von den Todesschwadronen bedroht werden und daß El Salvador »unter allen Staaten Zentralamerikas die kopflastigste Einkommensverteilung« aufweist – 66 Prozent des Volkseinkommens fließen in die Taschen des »oberen Fünftels« der Bevölkerung, während die »untere Hälfte« nur 12 Prozent des Gesamteinkommens auf sich vereint.
Dazu kommt, daß in El Salvador die Regierung von den Militärs gegängelt wird (während in Honduras die Militärs offen mitregieren und Guatemala praktisch eine reine Militärdiktatur ist. Was Guatemala betrifft, so warf der Bericht der Kissinger-Kommission den dortigen Sicherheitskräften vor, sie hätten in den Städten »Menschen bloß auf den Verdacht oppositioneller Neigungen hin ermordet« und auf dem Lande »zeitweise wahllos getötet«). Wenn es in einem Land demokratische Mitbestimmungsmöglichkeiten gibt, führt dies in der Regel dazu, daß bei der Verausgabung vorhandener Geldmittel die Bedürfnisse sich artikulierender Bevölkerungsgruppen in irgendeiner Form berücksichtigt werden. Wo solche Mitbestimmungsmöglichkeiten nicht gegeben sind, darf man mit gutem Grund erwarten, daß die zur Verfügung gestellten Gelder wiederum einseitig den ohnehin schon Privilegierten zugute kommen werden – wie in den sechziger Jahren, als, wie der Bericht ausdrücklich vermerkte, weder amerikanische Kapitalhilfe noch eine auf Hochtouren laufende Wirtschaftskonjunktur zu einer Abflachung des sozialen Gefälles führte. Mit Ausnahme Costa Ricas gibt es in Zentralamerika keine Demokratie, die diesen Namen verdient. Ganz gleich, ob das Geld, das die USA in die Region pumpen wollen, in die Taschen der Oligarchen oder in die Hände der Bürokraten gelangt – der Masse der einfachen Bürger dieser unglücklichen Länder wird es vermutlich nicht zugute kommen; wahrscheinlicher ist, daß es den

gesellschaftlichen Status quo stabilisieren wird. Mit dieser vermutlichen Auswirkung der vorgeschlagenen Wirtschaftshilfe setzte sich der Bericht aber nicht auseinander.
Im Zentrum des Berichts der Kissinger-Kommission stand eine Erörterung der sicherheitspolitischen Problematik Zentralamerikas. In diesem Punkt war die Botschaft eindeutig: Falls nicht entschlossene militärische Maßnahmen ergriffen werden, um einen Sieg der Rebellen in El Salvador zu vereiteln, und falls es nicht gelingt, in Nicaragua einen innenpolitischen Umschwung zu erzwingen, kann man die Hoffnung auf wirtschaftliche und soziale Fortschritte in der Region abschreiben. Erst einmal und vor allem den Krieg gewinnen, erklärte der Bericht (gemeint war der Bürgerkrieg in El Salvador), da sich demokratische Entwicklungen nur in einer von äußerer Bedrohung freien Atmosphäre entwickeln könnten. »Wenn man sie gewähren läßt, können die Aufständischen schneller zerstören, als die Reformkräfte aufbauen können«, erklärte die Kommission, denn: »Wenn die Versorgungsstränge, über die die Rebellen Unterstützung aus dem Ausland beziehen, erst einmal installiert sind, gewinnt [der Aufstand] eine Dynamik, die durch Reformen allein nicht mehr aufzuhalten ist.«
Auch hierzu hätte die Geschichte Lateinamerikas lehrreiches Anschauungsmaterial bieten können. In Venezuela wurde die starke Guerillabewegung, die dort in den späten fünfziger und frühen sechziger Jahren aktiv war, zurückgedrängt und erlitt schließlich Schiffbruch, weil eine reformistisch orientierte Regierung an der Macht war. Die Geschichte kennt kaum beweiskräftige Beispiele dafür, daß ein Bürgerkrieg durch die Installierung eines repressiven Regimes gewonnen werden kann (und man sollte sich trotz der Wahl des als links von der Mitte eingestuften Napoleón Duarte zum Präsidenten nicht darüber hinwegtäuschen lassen, daß in El Salvador nach wie vor die Militärs das

letzte Wort haben), es sei denn, dieses Regime entschiede sich für eine Politik der drakonischen physischen Ausrottung seiner Gegner, ein Kurs, den die Kissinger-Kommission nicht empfahl und der sicherlich von der US-amerikanischen und internationalen Öffentlichkeit nicht gebilligt würde. Im übrigen würde ein durch radikalen Terror erzwungener »Sieg«, wie das Beispiel Guatemala zeigt, den Herrschenden in aller Regel nur eine Atempause verschaffen; früher oder später würde der Widerstand neu aufflammen.
Im sicherheitspolitischen Teil des Berichts war die Rede von einer Rebellenbewegung in El Salvador, die »nicht nur die Demokratie bekämpft und auf die gewaltsame Eroberung der Macht aus ist, sondern auch wegen ihrer Verbindungen zu Nicaragua, Kuba und der Sowjetunion die Sicherheitsinteressen der USA bedroht«. Der Bericht enthielt eine ganze Anzahl nützlicher Informationen über die Hilfsleistungen Kubas für die Guerillas, und niemand dürfte bezweifeln, daß der kubanische Einfluß sowohl auf die Sandinisten als auch auf die FMLN (die »Nationale Befreiungsfront Farabundo Marti«) in El Salvador nach wie vor groß ist. Doch der Bericht sagte an keiner Stelle, wie und wo die Sicherheitsinteressen der USA konkret bedroht sind. An einer Stelle distanzierte er sich sogar ausdrücklich von der Vorstellung, die eventuelle Errichtung eines sowjetischen Militärstützpunktes wäre »die einzige oder auch nur die schlimmste [vorstellbare] Bedrohung für die Interessen der USA«. Es scheint, daß die Kommission die eigentliche Gefahr darin erblickt, daß der Eindruck entstehen könnte, Washington sei in seiner eigenen Einflußsphäre nicht absolut Herr der Lage. »Die Fähigkeit der Vereinigten Staaten, auf globaler Ebene ein tragbares Machtgleichgewicht aufrechtzuerhalten«, hieß es in dem Bericht, »hängt von der ... Sicherheit ihrer Landgrenzen ab.« Solange die Vereinigten Staaten sich »im eigenen

Haus« sicher fühlten, könnten sie es sich leisten, ihre Bündnissysteme in Europa und Fernost zusammenzuhalten. Wenn aber die Sowjetunion und ihr Verbündeter Kuba ihre »Macht auf das amerikanische Festland« ausdehnten, so würde dies »das weltweite Gleichgewicht stören. Insoweit, wie ein weiterer marxistisch-leninistischer Bodengewinn in Zentralamerika ... uns zwingen würde, Vorkehrungen zur Abwehr von Sicherheitsgefahren zu treffen, die uns in der Nähe unserer Grenzen erwachsen würden, müßten wir eine schwierige Wahl zwischen zwei unerfreulichen Alternativen treffen. Wir müßten entweder auf Dauer erhöhte Verteidigungslasten in Kauf nehmen oder uns mit einer reduzierten Fähigkeit zur Verteidigung entfernter Problemgebiete abfinden. ... Vom Standpunkt der Sowjetunion aus wäre es ein bedeutsamer strategischer Erfolg, den Vereinigten Staaten die Last der Verteidigung unseres südlichen Vorfeldes aufzubürden.«
Die Kommission wies anschließend auf die Verwundbarkeit des Panamakanals und auf die Gefahr hin, daß Flüchtlinge anfallen könnten, »vielleicht in Millionenzahl, von denen viele versuchen würden, in die Vereinigten Staaten zu gelangen«. Kurz: »Die Krise pocht an unsere Tür.« Dann folgte der aufschlußreiche Satz: »Unsere weltweite Glaubwürdigkeit steht auf dem Spiel.« Der »Triumph feindlicher Kräfte im, wie die Sowjets es nennen, ›strategischen Rückraum‹ der Vereinigten Staaten würde als ein Zeichen unserer Ohnmacht gedeutet werden.« Falls die USA aber, wie Richard Nixon es einst befürchtete, das Bild eines bedauernswerten, hilflosen Riesen bieten würden, dann müßten wir, so die Kommission, »eine Erosion unserer Macht zur Einflußnahme auf Entwicklungen in aller Welt miterleben, [eine Erosion,] die ihre Nahrung aus der Erkenntnis bezöge, daß wir nicht imstande seien, Einfluß auf wichtige Geschehnisse vor unserer Haustür zu nehmen«.

Worin besteht nun aber konkret die Bedrohung »vor unserer Haustür«? Dies wurde von der Kommission nicht erläutert. Mexiko, der wichtigste Dominostein in unserem »südlichen Vorfeld«, fühlt sich durch irgendwelche Entwicklungen in einem kleinen Land Zentralamerikas nicht bedroht. Die auf Kuba stationierten Sowjets sind, wie die Kommission einräumte, heute schon in der Lage, unsere Zufahrtswege zur See zu bedrohen; damit leben wir seit zwanzig Jahren. Wenn man dazu noch bedenkt, daß in jüngerer Zeit atomar bestückte U-Boote – von denen jedes ein höchst beweglicher und schwer zu ortender »Stützpunkt« mit einem beträchtlichen Bedrohungspotential ist – in den strategischen Konzeptionen sowohl der USA als auch der Sowjetunion eine zunehmend wichtige Rolle spielen, dann fällt es noch schwerer, sich vorzustellen, welchen entscheidenden strategischen Vorteil es den Sowjets einbringen würde, wenn sie einen sichtbaren strategischen Stützpunkt auf zentralamerikanischem Boden gewännen. Ähnlich wie im vorigen Jahrhundert in bezug auf das britische Empire ist es heute in bezug auf die Sowjetunion so, daß sich hinter dem *Gerede* von einer Bedrohung der Sicherheit der Vereinigten Staaten in Zentralamerika nur schwer *tatsächlich* eine Gefahr entdecken läßt.
Die Carnegie-Stiftung für Internationalen Frieden, eine in Washington ansässige unabhängige Einrichtung, die politische und ökonomische Analysen anstellt, hat in einer unlängst veröffentlichten Studie (s. Anm. 18) jene eingehende Untersuchung der sicherheitspolitischen Rolle Zentralamerikas geliefert, die die Kissinger-Kommission schuldig geblieben war. Was das Militärregime in El Salvador betrifft, so erinnern die Verfasser der Studie uns daran, daß der sicherheitspolitische Nutzen eines solchen Regimes davon abhängt, ob die Militärs »in den Augen der Bevölkerung eher nationale als Klasseninteressen vertreten und ob sie die Rechte des einzelnen schützen, anstatt sie mit

Füßen zu treten«.[19] Dieses Argument bietet eine Erklärung dafür, daß viele Bürger El Salvadors nicht das Gefühl haben, die Sicherheitskräfte ihres Landes seien zu ihrem Schutz da. In den vergangenen dreieinhalb Jahren hat der Kongreß die Bewilligung von Militärhilfe für El Salvador Jahr für Jahr davon abhängig gemacht, daß der Präsident dem dortigen Regime eine verbesserte Beachtung der Menschenrechte bescheinigte. Präsident Reagan erteilte diese Bescheinigung auch regelmäßig, ohne daß die Lage sich im Vergleich zu 1981 erkennbar gebessert hätte. Die Verstärkung der Militärhilfe hat nicht zu einem verstärkten humanitären Verantwortungsbewußtsein der Militärs geführt.

Was die Sowjetunion betrifft, so unterscheidet die Studie der Carnegie-Stiftung sorgfältig zwischen akuten und potentiellen Gefahren, die von ihr ausgehen bzw. ausgehen könnten. Die Autoren weisen darauf hin, daß »das wirkliche Problem« darin besteht, daß »im Kielwasser eines Sieges sowjet-orientierter Guerillas möglicherweise sowjetische Militärstützpunkte errichtet werden könnten«. Nicaragua habe zwar seine Streitkräfte auf 50 000 Mann (darunter 25 000 Reservisten) vergrößert, sein militärisches Potential sei jedoch im wesentlichen defensiver Natur. Sollten die Sandinisten beispielsweise einen Einmarsch in Honduras versuchen, dann würde Honduras eindeutig über die besseren Trümpfe verfügen; mit seiner Luftwaffe etwa könnte es jeden gepanzerten Vorstoß der Sandinisten durch das Flachland am Golf von Fonseca ohne weiteres zum Stillstand bringen. Da Kuba schon heute eine potentielle Bedrohung für wichtige US-amerikanische Seewege darstellt, würde eine qualitativ neue Bedrohung allenfalls durch die Stationierung sowjetischer Offensivwaffen in Zentralamerika oder durch einen Einmarsch kubanischer oder nicaraguanischer Truppen in ein anderes zentralamerikanisches Land geschaffen.

In beiden Fällen könnten die Vereinigten Staaten – und sollten sie meiner Ansicht nach auch – deutlich machen, daß sie darauf notfalls mit dem Einsatz von Luft- und Bodenstreitkräften antworten würden. Wäre dies klargestellt, dann wäre es auch höchst unwahrscheinlich, daß Kuba und/oder Nicaragua es wagen würden, sich militärisch zu exponieren, und wenn doch, dann würden der Kongreß und die US-amerikanische Öffentlichkeit zweifellos ihrer Regierung eine Vollmacht für militärische Gegenmaßnahmen erteilen. In bezug auf Nicaragua stellen die Autoren der Studie der Carnegie-Stiftung fest: »Den legitimen Sicherheitsinteressen beider [der USA und Nicaraguas] könnte Genüge getan werden durch eine Politik, die eine glaubwürdige Vergeltungsdrohung der USA für den Fall, daß Nicaragua sowjetische Offensivwaffen stationieren würde, mit einem Versprechen der USA, in Nicaragua nicht militärisch zu intervenieren, kombinieren würde.« Für ein solches Arrangement (das von der Kissinger-Kommission nicht einmal zur Diskussion gestellt wurde) würde es sich sicherlich lohnen, Verhandlungen aufzunehmen.

Anstatt das Bedürfnis beider Seiten nach funktionierenden regionalen Sicherheitsvereinbarungen mit Nicaragua vorzuheben, ging es der Kissinger-Kommission, ihrer Sprache nach zu schließen, offenbar einfach nur darum, die Nichttolerierbarkeit eines marxistisch-leninistischen Regimes in der Region darzutun. Zur Begründung dieser Position verwies sie nicht nur auf den »Anschluß Nicaraguas an das kubanische, und damit auch das sowjetische, nachrichtendienstliche Netz«, sondern auch auf angebliche »ernste Besorgnisse« der Nachbarstaaten wegen der »Auswirkungen auf Frieden und Sicherheit in der Region, die von einem militarisierten, totalitären Nicaragua ausgehen würden«. Daß ein sandinistisches Nicaragua gebändigt werden oder ein friedlicher Nachbar sein könnte, hielt

die Kommission offenbar für undenkbar: »Um den Revolutionsexport zu unterbinden, bedürfte es eines Grades an Wachsamkeit und eines dauerhaften Aufwands, den aufrechtzuerhalten den Nachbarn Nicaraguas und selbst den Vereinigten Staaten schwerfallen würde.« Eine langfristig angelegte Eindämmungspolitik würde, so die Schlußfolgerung der Kommission, eine Unterstützung der Streitkräfte »stabiler Bündnisgenossen« in der Region durch die Militärmacht der USA erfordern. Unter Berücksichtigung aller dieser Gesichtspunkte böten, so das Resümee der Kissinger-Kommission, die Friedensinitiativen der Sandinisten »wenig Anlaß zu der Hoffnung, daß wir den Zielen [der Contadora-Gruppe] näher kommen können«. Die Contadora-Gruppe hatte, erinnern wir uns, ausdrücklich den Zusammenhang zwischen der Sicherheit in der Region und demokratischen Fortschritten in den einzelnen Ländern betont!
Nachdem der Bericht das sandinistische Regime in Nicaragua in einer Terminologie, die der der Regierung Reagan ähnelte, als bedrohlich und unversöhnlich geschildert hatte, empfahl er nichtsdestoweniger, die US-Regierung solle sich mit den Sandinisten an einen Tisch setzen: »Wie immer man auch die Chance auf produktive Verhandlungen beurteilen mag, die Vereinigten Staaten dürfen keine Anstrengung scheuen, die diplomatischen Kanäle zu nutzen. Die Bereitschaft Nicaraguas, in eine umfassende Verständigung einzutreten, sollte durch Verhandlungen und Maßnahmen gründlich auf die Probe gestellt werden. ... Alle Wege sollten erkundet werden, um festzustellen, ob die vagen Signale, die Managua seit einigen Wochen aussendet, in konkrete Fortschritte übersetzt werden können.« Eine solche Erkundung ist gerade das, was die Regierung Reagan stets bewußt unterlassen hat; die Kissinger-Kommission übte nicht nur keine Kritik daran, daß die US-Regierung den von Nicaragua vorgelegten Vertragsent-

würfen (auf die ich bereits eingegangen bin) keinerlei Beachtung geschenkt hatte, sie unterließ auch selbst eine sorgfältige Würdigung dieser Vorschläge und sagte nichts darüber, welche davon für die USA diskutabel sein könnten und welche nicht.

Was die Unterstützung der USA für die von Honduras aus operierenden nicaraguanischen Rebellen betraf, so hieß es dazu in dem Bericht, die Mehrheit der Kommissionsmitglieder halte den »verdeckten Krieg« für »einen der Anreize, die die Bereitschaft zu einer Verhandlungslösung fördern«. Indes enthielt die Kommission sich jeder Stellungnahme zu der Frage, »ob oder wie die USA diese aufständischen Kräfte unterstützen sollten«. Zwei ihrer Mitglieder, Henry Cisneros, Bürgermeister von San Antonio in Texas, und Carlos Diaz-Alejandro, übten in abweichenden Stellungnahmen scharfe Kritik an der verdeckten Unterstützung, die Washington den Contras gewährte und weiterhin gewährt. Diaz-Alejandro vertrat die Auffassung, daß der verdeckte Krieg geeignet sei, »die extremistischsten Teile der sandinistischen Führung zu stärken«, und die Aussichten auf eine Verhandlungslösung daher eher schmälere als verbessere. Der Bericht selbst ging auf dieses Argument weder formal noch inhaltlich ein.

Auch in der El-Salvador-Frage vertrat die Kommission einen weder konsequenten noch überzeugenden Standpunkt. Die Vorstellung, daß es in irgendeiner Form zu einem Kompromiß und einer Machtteilung zwischen der Regierung und den Guerillas oder besser gesagt zwischen den offiziellen salvadorenischen Streitkräften und den Guerillas kommen könnte, schloß sie von vornherein aus. Ihrer Ansicht nach würde jede derartige Lösung einer Auslieferung der Regierung an die Guerillas gleichkommen. So, wie die Dinge im Augenblick stehen, erübrigen sich allerdings alle Gedankenspiele um eine Machtteilung in der Tat, da die jetzigen militärischen Führer El Salvadors sich auf so etwas niemals einlassen würden und man sich auch kaum ein Druckmittel vorstellen kann, mit dem die US-Regierung sie dazu zwingen könnte. Aus meinen persönlichen Gesprächen mit salvadorenischen Militärs und Zivilisten im Oktober 1983 ging eindeutig hervor, daß sowohl eine Regierungsbeteiligung der Rebellen als auch nennenswerte Reformen erst dann in den Bereich des Möglichen rücken werden, wenn die Männer, die heute an der Spitze der salvadorenischen Streitkräfte stehen, entmachtet sein werden.[20] Wie ein »hochrangiger Sprecher« der katholischen Erzdiözese San Salvador mir am 28. Januar 1984 sagte: »Um die Dinge in Ordnung zu bringen, bedürfte es eines vollständigen Umbruchs in der Struktur des Militärs, und das ist etwas, das anzupacken weder die Regierung noch die Amerikaner bereit sind.«[21]

Die Hilfsgelder, die die Kommission nach El Salvador zu leiten empfahl, sollten lediglich dazu dienen, die bestehende Militärstruktur auf Vordermann zu bringen. Dabei anerkannte der Bericht durchaus, daß die Probleme in El Salvador nicht nur von der äußeren Unterstützung, die die Rebellen erhielten, herrührte, sondern auch von den »brutalen Methoden... gewisser reaktionärer Kräfte«, das heißt der Todesschwadronen. Dieser beklagenswerte Aspekt der politischen Realität in El Salvador sei, so schien die Kommission zu glauben, dadurch in den Griff zu bekommen, daß man die Militärhilfe erhöhte und die Regierung ermahnte, etwas gegen die Todesschwadronen zu tun. Die Kommission plädierte also indirekt dafür, die bestehenden Machtverhältnisse in El Salvador unangetastet zu lassen. Sie empfand es offenbar nicht als paradox, zugleich ein energisches Vorgehen an der »wirtschaftlichen und sozialen Front« – und das heißt doch wohl, einschneidende Reformen – zu fordern, ohne die eine Lösung der politischen Konflikte nicht denkbar sei.

Im sicherheitspolitischen Abschnitt des Berichts ließ die

Kommission keinen Zweifel daran, daß sie dem militärischen Sieg über die Rebellen den Vorzug vor Verhandlungen einräumte. Die bereits genannten vierhundert Millionen Dollar US-Militärhilfe für 1984 und 1985 würden, so hieß es, allein schon benötigt, »um das militärische Patt zu überwinden«. (Weniger als eine Woche nach der offiziellen Veröffentlichung des Berichts beantragte die Regierung Reagan im Kongreß fast genau diesen Betrag; die salvadorenische Armee plante dem Vernehmen nach eine Aufstockung ihrer Gesamttruppenstärke um zwanzig Prozent.[22]

An dieser Stelle stolperte die Kommission freilich in einen ihrer krassesten Widersprüche hinein. Sie forderte nämlich, die Gewährung jeglicher Militärhilfe für El Salvador künftig von »vorzeigbaren Fortschritten« in Richtung auf freie Wahlen, ein rechtsstaatliches Justizsystem und eine Mattsetzung der Todesschwadronen abhängig zu machen und die Erfüllung dieser Bedingungen auch »ernsthaft zu erzwingen«. Sie räumte sogar ein, daß Wahlen nur dann eine gültige demokratische Willensbekundung sein könnten, wenn die Regierung für ein »Mindestmaß an Sicherheit für Lehrer, Journalisten und Schriftsteller, für gewerkschaftliche und kirchliche Meinungsträger« sorgen und all denen, die sich an den Wahlen beteiligen wollen, auch den Vertretern der Linken und des Zentrums, ein »Klima der Sicherheit« garantieren würde. Die US-Regierung müsse »darauf bestehen, daß diese Bedingungen erfüllt werden«. Was aber, wenn die Sicherheitskräfte selbst nicht im geringsten daran interessiert wären, Angehörige der genannten Gruppen zu schützen, wenn sie es im Gegenteil vorziehen würden, diese Leute weiterhin umzubringen und zu terrorisieren, wie sie es in der Vergangenheit getan haben? Auf diese wichtige Frage blieb der Bericht eine Antwort schuldig. Nur Kissinger selbst und zwei andere Kommissionsmitglieder gingen darauf in einer ab-

weichenden Stellungnahme ein, in der sie ihre »entschiedene Ansicht« zum Ausdruck brachten, »daß weder der Kongreß noch die Exekutive diese Konditionalität auf eine Weise interpretiert, die zu einem marxistisch-leninistischen Sieg [in El Salvador] führt«. Neben dieser nur von einer kleinen Gruppe innerhalb der Kommission getragenen Anmerkung blieben in dem Bericht freilich auch die von der Kommissionsmehrheit genannten strikten Bedingungen und die damit zusammenhängenden Widersprüche stehen.
Welche Alternativen hätte die Kommission in Betracht ziehen können? Wenn die Vereinigten Staaten den beispielsweise von der Kirche gewünschten Umbruch innerhalb der Streitkräfte herbeiführen könnten, indem sie deren gesamte Führungsspitze absetzen würden, dann könnten in die freigewordenen Kommandopositionen neue Offiziere einrücken, die versuchen könnten, den Terror gegen alle der oppositionellen Tätigkeit verdächtigen Personen und Gruppen zu beenden und so das Vertrauen der Bevölkerung zu gewinnen. Dann wäre es vielleicht möglich, die Front der Aufständischen zu spalten und eine Regierung zu bilden, die einige heute noch oppositionelle Gruppen an der Macht beteiligen und vielleicht sogar breiten Rückhalt im Volk finden würde. Diese, im Schwinden begriffene, Möglichkeit wurde von der Kommission nicht einmal ins Auge gefaßt; an keiner Stelle des Berichts war auch nur der Versuch zu entdecken, die salvadorenische Befreiungsfront auf unterschiedliche Strömungen und Tendenzen hin zu studieren. Die einzige Ausnahme bildete Henry Cisneros, der in einer abweichenden Stellungnahme darauf hinwies, daß es in der FDR-FMLN gemäßigte Kräfte gibt, die sich vielleicht dazu überreden ließen, an Gesprächen teilzunehmen, bei denen »ausgelotet [werden könnte], bis zu welchem Grad ein sinnvoller Dialog über Koalitionslösungen und Strukturreformen geführt werden kann«.
Statt dessen klammerte sich die Kommission an ihre Forde-

rung nach Wahlen und ließ sich darüber aus, wie frei und korrekt und unter welchen Sicherheitsvorkehrungen diese Wahlen ablaufen müßten. Sie ließ zwar so etwas wie eine Machtteilung als denkbar erscheinen, indem sie anregte, die im Frühjahr 1984 zu wählende Regierung könne die Befreiungsfront zur Mitarbeit in einer Vorbereitungskommission für die Gemeindewahlen von 1985 einladen. Aber die Annahme, die gegenwärtige Regierung, deren Fortbestand vollständig vom Wohlwollen der Streitkräfte abhängt, werde die Aufständischen zu Gesprächen über »Sicherheitsvorkehrungen« einladen, erscheint reichlich weltfremd. Die Kommissionsmitglieder glaubten offenbar in der Tat, die salvadorenischen Politiker und Militärs würden sich auf amerikanischen Wunsch hin plötzlich wie brave Demokraten benehmen; wenig von dem, was wir von ihnen wissen, ermutigt zu einer solchen Hoffnung. Dies alles bereitet jedoch der Regierung Reagan wenig Kopfschmerzen; sie wird, damit dürfen wir rechnen, nach bewährtem Muster die Warnungen der Kissinger-Kommission vor einer Gefährdung der Sicherheit der USA dazu benutzen, den Widerstand derjenigen im Kongreß niederzuwalzen, die ihre Menschenrechts-Proklamationen allzu wörtlich nehmen.

DRITTER TEIL

1 Als ich im Frühjahr 1982 von einer längeren Reise durch Zentralamerika zurückkehrte, hatte ich den Eindruck gewonnen, daß die Aussichten für Verhandlungen nicht schlecht standen – Verhandlungen zwischen Washington und Managua, zwischen Washington und Havanna, Verhandlungen zwischen den Bürgerkriegsparteien in El Salvador, Verhandlungen, an deren Ende vielleicht eine allgemeine Friedensregelung stehen könnte.[1] Diese Aussichten sind inzwischen deutlich geschwunden, dank der halsstarrigen Fixiertheit der Regierung Reagan auf militärische Lösungen.
Ende 1983 fuhr ich noch einmal nach Zentralamerika, wie auch nach Mexiko und Kuba; vor und während dieser Reise unterhielt ich mich erneut mit etlichen hochgestellten Persönlichkeiten, darunter auch Regierungsvertretern. Darunter waren der mexikanische Außenminister Bernardo Sepúlveda, der kubanische Vizepräsident und Vizepremier Carlos Rafael Rodriguez, der stellvertretende kubanische Außenminister Ricardo Alarcón, der Expräsident von El Salvador, Alvaro Magaña, der honduranische Oberbefehlshaber General Gustavo Alvarez Martínez, zahlreiche sandinistische Funktionäre und Militärs sowie Führer der von Honduras aus operierenden nicaraguanischen Contras. Darüber hinaus führte ich intensive Gespräche mit US-amerikanischen Militärs und Diploma-

ten und besuchte die Kampfgebiete entlang der nicaraguanisch-honduranischen Grenze.

Die gewichtigste Macht in der Region und damit der geeignete Ausgangspunkt für eine tiefer greifende Analyse der Konflikte in Zentralamerika ist Mexiko. In der Befürchtung, die Kämpfe und Scharmützel könnten zu einem regelrechten Krieg in der Region ausufern, haben sich die Mexikaner während der beiden letzten Jahre an die Spitze derer gesetzt, die eine Beilegung der Spannungen zwischen Washington und Managua auf dem Verhandlungsweg herbeizuführen und darüber hinaus einen Weg zu einer allgemeinen Entmilitarisierung Zentralamerikas zu finden versuchen. Mexiko ist insbesondere daran interessiert, daß an seiner Südgrenze Frieden einkehrt, wo derzeit guatemaltekische Guerillas gegen das autoritäre und brutale Regime des Generals Oscar Mejía Victores kämpfen, wobei sie das mexikanische Territorium als Aufmarsch- und Rückzugsgebiet benutzen.

Nicht einmal die vehementesten Antikommunisten unter den Politikern und Intellektuellen Mexikos teilen die von der Regierung Reagan geäußerte Befürchtung, Mexiko könne zum »letzten Dominostein« im südlichen Vorfeld der USA werden, falls sich in El Salvador und Nicaragua marxistisch-leninistische Regime durchsetzen. Wie das mexikanische Außenministerium unlängst erklärte: »Wir müssen wiederholen, daß Mexiko bereits seine Revolution gehabt hat, im Jahr 1910, in der es um die Veränderung der wirtschaftlichen und gesellschaftlichen Strukturen des Landes kämpfte. Zentralamerika kämpft heute für Ziele, für die Mexiko bereits gekämpft hat, und das ist der Unterschied zwischen der mexikanischen Realität und der zentralamerikanischen Revolution.«[2]

Ideologische Grundsatzfragen spielen im politischen Denken der Mexikaner keine entscheidende Rolle. Wie es der PRI, der mexikanischen Regierungspartei, immer wieder gelingt, politische Gegner zu integrieren, ist in der Tat ein Wunder des dortigen politischen Lebens, ein Wunder, dem offenkundig auch die derzeit unerquickliche wirtschaftliche Lage – die immensen Auslandsschulden Mexikos haben zu einer Inflationsrate von neunzig Prozent und zu einer hohen Arbeitslosenzahl geführt – nichts anhaben kann. Wie die Mexikaner deutlich machen, wurde die PRI einst als eine Partei der Revolution gegründet und ist zu einer Partei des Status quo geworden, mit einem enormen bürokratischen Apparat zur Verwaltung des staatskapitalistischen Systems, das heute in Mexiko besteht. Vor allem diese Erfahrung war es, die den mexikanischen Expräsidenten José López Portillo daran glauben ließ, daß die sandinistische Revolution einen nichtmarxistischen Weg gehen könnte. Dessen sind sich die mexikanischen Politiker, mit denen ich mich unterhielt, heute nicht mehr so sicher. Nach ihren Feststellungen scheinen sich die Sandinisten stärker an dem kubanischen Modell eines zentralisierten leninistischen Staates zu orientieren als am Vorbild Mexikos.

Unter der Regierung von Miguel de la Madrid ist die mexikanische Außenpolitik in ihren Grundzügen weitgehend unverändert geblieben. Im einzelnen hat es jedoch einige Akzentverschiebungen gegeben. Während die frühere Regierung offenbar einen Abbau der US-Vorherrschaft in Zentralamerika wünschte, beruft sich der neue Präsident eher auf die traditionelle mexikanische Politik der Nichteinmischung. Der Außenminister antwortete auf die Frage, weshalb Mexiko nie versucht habe, in Nicaragua eine ähnliche Rolle wie die Kubaner zu spielen, die den Sandinisten vor allem Lehrer, Ärzte und Krankenschwestern zur Verfügung stellten (über deren eventuelle paramilitärische Mission man immerhin spekulieren kann), Mexiko habe nie die Absicht gehabt, Berater nach Nicaragua zu entsenden. Mexiko befindet sich zweifellos

in einem gewissen Dilemma: Während es einerseits mit Besorgnis solche Entwicklungen wie die »Kubanisierung« Nicaraguas verfolgt, hat es andererseits nach wie vor wenig Neigung, sich direkt zu engagieren, und zieht es vor, sich mit in den Schoß gelegten Händen auf seine Prinzipien zurückzuziehen.
Dieselbe vorsichtige Zurückhaltung war aus den Äußerungen von Intellektuellen wie Carlos Fuentes und Octavio Paz herauszuhören, mit denen ich über die Anteilnahme Mexikos an den Entwicklungen in Zentralamerika sprach. Wie Fuentes mir erklärte, ist es infolge der antimilitaristischen Tradition der Mexikaner unwahrscheinlich, daß Mexiko jemals Truppen nach Zentralamerika entsenden würde, und sei es auch nur im Rahmen einer internationalen Friedenstruppe. Paz ist der gleichen Meinung, bedauert aber den »Isolationismus« Mexikos und die Weigerung seiner Regierung, die Gefahren zur Kenntnis zu nehmen, die Zentralamerika und auch Mexiko selbst drohen würden, wenn in der Region einige an die Sowjetunion angelehnte kommunistische Regime an die Macht kämen, was Paz durchaus befürchtet. Mexiko, so betont er, tue damit, daß es sich gegenüber der sandinistischen Revolution in Nicaragua mit der Rolle eines distanzierten Beobachters begnüge, den nichtmarxistischen, demokratischen Kräften in diesem Land (für die Männer wie Arturo Cruz stehen, der frühere Direktor der Staatsbank von Nicaragua) keinen Gefallen. Wie Paz in *The Labyrinth of Solitude* schrieb: »Der Mexikaner hält immer Distanz zur Welt und zu anderen Menschen. Und auch zu sich selbst.«
Nicht in der Lage und sicherlich nicht willens, von sich aus etwas zu tun, hat Mexiko sich um die Unterstützung der anderen Mächte der Region bemüht. Venezuela schwenkte bereits vor Jahren auf die politische Linie der Mexikaner ein und forderte mit ihnen zusammen Verhandlungen zwischen den Bürgerkriegsparteien in El Salvador, nachdem

dort im Anschluß an die Wahlen von 1982 der Wunschkandidat Venezuelas, der Christdemokrat José Napoleón Duarte, aus dem Amt gedrängt worden war. Mexiko bemühte sich danach um eine noch breitere Unterstützungsbasis und schuf sie sich schließlich in Gestalt der Contadora-Gruppe. Wie bereits an früherer Stelle bemerkt, sprach die Gruppe sich anfänglich dafür aus, die sicherheitspolitischen Aspekte der Lage in Zentralamerika von der Beurteilung der innenpolitischen Entwicklungen in den einzelnen Staaten (wie etwa den Demokratisierungsprozessen) zu trennen; dann jedoch, im Oktober 1983, forderte sie im Rahmen ihres »Zielkatalogs« die Regierungen Zentralamerikas auf, »Maßnahmen einzuleiten, die zur Errichtung oder, in manchen Fällen zur Vervollkommnung demokratischer, repräsentativer und pluralistischer Systeme führen«.[3]

Es ist gewiß richtig, daß die Regierung Reagan anfänglich über die Initiative der Contadora-Gruppe verärgert war; ihr wären sicherlich andere lateinamerikanische Staaten als Vermittler lieber gewesen, die eine weniger kritische Haltung gegenüber dem Streben Washingtons nach militärischen Lösungen für politische Probleme einnehmen. Tatsache ist aber auch, daß Washington sich gegen Ende des Jahres 1983 dazu durchgerungen hatte, der Contadora-Gruppe zumindest verbale Anerkennung zu zollen. Für diesen Umschwung gab es zwei Gründe: Zum einen wollte die US-Regierung nicht den Eindruck aufkommen lassen, sie sei an Möglichkeiten einer friedlichen Beilegung sowohl des Bürgerkriegs in El Salvador als auch des Konflikts mit den Sandinisten wegen deren Waffenhilfe für linke Guerillabewegungen in der Region von vornherein desinteressiert. Der wichtigere Grund jedoch war der, daß die Regierung Reagan, wie ein ranghoher US-Diplomat in Zentralamerika mir erläuterte, inzwischen entdeckt hatte, wie gut die Contadora-Gruppe sich als Vorwand für die Vermeidung von Verhandlungen eignete: Die USA konnten sich jedem ernsthaften Eingehen auf bilaterale Verhandlungsvorschläge, an denen sie nicht interessiert waren, ganz einfach dadurch entziehen, daß sie darum baten, diese Vorschläge zunächst der Contadora-Gruppe vorzulegen. Wie die Vereinten Nationen in ihren Anfangsjahren wird die Contadora-Gruppe von aller Welt belobigt, ist aber in Wirklichkeit ohnmächtig und kann nur dann zu einem produktiven Vehikel der Beilegung der Konflikte in Zentralamerika werden, wenn die Vereinigten Staaten aufrichtig bereit sind, sich ihrer Vermittlerdienste zu bedienen.

Anders als die mexikanischen Politiker waren die kubanischen Parteigrößen, mit denen ich sprach, offensichtlich nicht von Zweifeln an einer globalen Mission ihres Landes angekränkelt. Dem Internationalismus und der Solidarität mit revolutionären Bewegungen in anderen Ländern verpflichtet, erhoffen sich die kubanischen Führer auf außenpolitischem Terrain jene Erfolge, die im Innern so hartnäckig ausbleiben. Durch die Entsendung von Hilfstruppen ins Ausland (etwa 35 000 Mann, bei einer Gesamtzahl von 225 000 aktiven Soldaten), vorwiegend nach Angola und Äthiopien, sowie durch die Entsendung von Militärberatern nach Nicaragua und sogar in den Südjemen hat Kuba an internationalem Gewicht gewonnen, wofür das Land allerdings einen hohen Preis bezahlen muß. Offiziell beliefen sich die kubanischen Staatsschulden, harte und weiche Währung zusammengenommen, 1982 auf mehr als zwölf Milliarden Dollar; der Wert seiner Einfuhren übersteigt regelmäßig den seiner Ausfuhren. Die Sowjets tragen mit ihrer Wirtschaftshilfe indirekt zur Finanzierung der außenpolitischen Projekte Kubas bei, wenngleich man einräumen muß, daß die sowjetische Wirtschaftshilfe schon üppig floß, bevor die Kubaner Mitte der siebziger Jahre Truppenkontingente in andere Länder entsandten.

Seit 1961 hat Kuba von der UdSSR Wirtschaftshilfe in Höhe von mehr als dreißig Milliarden Dollar erhalten; 1982 entsprach die sowjetische Wirtschaftshilfe wertmäßig mehr als einem Viertel des kubanischen Bruttosozialprodukts – all dies ohne Berücksichtigung der Militärhilfe.[4]
Der Löwenanteil der Unterstützung, die Kuba von der Sowjetunion erhält, besteht natürlich aus Militärhilfe; diese wurde im Gefolge der Wahl Reagans und der unter ihm zu beobachtenden Verschärfung der antikubanischen Agitation Washingtons erhöht. Es ist nicht genau feststellbar, ein wie großer Teil der von den Sowjets gelieferten Rüstungsgüter von Kuba aus nach Zentralamerika weitergeleitet wurde und wird. In meinen Gesprächen mit führenden kubanischen Politikern und ihnen nahestehenden Diplomaten gewann ich den Eindruck, daß es ihnen höchst unangenehm wäre, direkt in bewaffnete Auseinandersetzungen in der Region hineingezogen zu werden. Diese Haltung beruht sowohl auf einer realistischen Einschätzung der gewaltigen militärischen Überlegenheit der USA und der entsprechenden Verwundbarkeit Kubas als auch auf der Befürchtung, die Regierung Reagan könne die geringste Provokation zum Anlaß für eine Invasion Kubas nehmen.
Die Kubaner versichern, daß sie ihre Militärhilfe für die Rebellen in El Salvador erheblich verringert haben. Meine Gespräche mit ihnen drehten sich hauptsächlich um die Möglichkeit politischer Lösungen, beispielsweise einer Regierungsbeteiligung der Rebellen in El Salvador oder einer diplomatischen Initiative zugunsten des von Nicaragua im Juli 1983 vorgelegten Sechs-Punkte-Programms. Castro selbst erklärte, dieses Programm sei ein Zeugnis der »Bereitschaft [Nicaraguas], einen Nichtangriffspakt mit Honduras zu unterzeichnen und ... in der El-Salvador-Frage zu einer Übereinkunft auf Grundlage einer Beendigung aller Waffenlieferungen an die Bürgerkriegsparteien

zu kommen«.[5] Der US-amerikanische Überfall auf Grenada hat zweifellos den Wunsch der Kubaner nach einer Verhandlungslösung in Zentralamerika verstärkt; Castro räumte nach Grenada ein, daß er Nicaragua nicht helfen könne, wenn es von US-Truppen angegriffen würde.[6]
In den Augen der kubanischen Führung hat sich die Lage der Rebellen in El Salvador, obwohl ihre »Schlußoffensive« Anfang 1981 nicht den erwarteten Erfolg brachte, verbessert. Diese Verbesserung verdankt sich kubanischer Ansicht nach zum großen Teil der Tatsache, daß die fünf Guerilla-Organisationen, aus denen die FMLN besteht, endlich dazu übergegangen seien, ihre politische und militärische Taktik miteinander abzustimmen. (Die Kubaner vergaßen nicht, darauf hinzuweisen, daß die salvadorenischen Rebellen, indem sie sich zu dieser Koordinierung ihrer Aktivitäten entschlossen, einen Rat ihrer kubanischen Freunde befolgten.) Diese Aussagen der Kubaner über die FMLN wurden mir später von den amerikanischen Offizieren und Politikern, mit denen ich in El Salvador Gespräche führte, bestätigt. Im Herbst 1983 sagte sich allerdings eine kleine Splittergruppe von der Befreiungsfront los und macht sich seither durch sporadische Terroranschläge bemerkbar.
Die von den Rebellen bislang erzielten Erfolge machen nach Ansicht der Kubaner eine Vereinbarung, die eine Teilung der Macht vorsieht, wünschenswert, auch wenn dies notgedrungen die Entwicklung El Salvadors zu einem marxistisch-leninistisch regierten Staat verzögern würde. Ein »radikaler Sozialismus« sei, wie einer meiner kubanischen Gesprächspartner sagte, in El Salvodor in näherer Zukunft ohnehin »unmöglich«. Die geographische Nähe des Landes zu den Vereinigten Staaten, die Existenz einer bürgerlichen Mittelschicht und die schwierige wirtschaftliche Situation des Sowjetsblocks mache eine veränderte Taktik notwendig, auch wenn man an der Zielvorstellung

eines kommunistisch regierten El Salvador festhalte. Den von den USA vorgeschlagenen Weg zu einer Regierungsbeteiligung der Rebellen lehnen die Kubaner ab. Sie erklären, es gäbe keine Garantie für die Sicherheit der Guerillaführer, wenn diese sich, wie die US-Regierung es gefordert hat, an Wahlen beteiligten. Während die kubanischen Führer noch 1982 von der Möglichkeit gesprochen hatten, eine Friedenstruppe in El Salvador zu stationieren, verwerfen sie heute den Einsatz einer solchen Truppe als sinnlos und verweisen darauf, wie ohnmächtig 1960 die internationale Friedenstruppe im Kongo der Ermordung Patrice Lumumbas zugesehen habe.[7]

Kuba, so sagen sie, habe in El Salvador keine Rolle zu spielen, da dieses Land im Vergleich zu Nicaragua »ein großes Spektrum sozialer Klassen und politischer Gruppen [aufweist] und sich auf einer viel höheren wirtschaftlichen Entwicklungsstufe befindet«. Wie die jetzt in Managua regierenden Sandinisten erklären auch die Kubaner, daß sie bereit sind, die salvadorenischen Rebellen sich selbst zu überlassen. Sie haben kein Interesse daran, sich von den Vereinigten Staaten als Hauptlieferanten der FMLN ertappen zu lassen, was Washington den gesuchten Vorwand für ein direktes Vorgehen gegen Kuba liefern könnte; sie glauben offenbar, die FMLN könne mit den Waffen, die sie von den Regierungstruppen erbeutet, ihrer Forderung nach einer Beteiligung an der Macht genügenden Nachdruck verleihen oder gar einen militärischen Sieg erringen, wenn die Vereinigten Staaten es eines Tages müde werden sollten, Wein in ein Faß ohne Boden zu schütten.

Was die bilateralen Beziehungen zu den Vereinigten Staaten betrifft, so sind die Kubaner bereit, über Fragen wie die Rückbürgerung kubanischer Krimineller (die 1980 zusammen mit amnestierten politischen Gefangenen in die USA ausgewiesen wurden) zu verhandeln, aber nur, wenn dabei gleichzeitig umfassend über die das Verhältnis beider Länder belastenden Probleme gesprochen wird. Meine Gesprächspartner ließen nichts erkennen, was darauf hindeutet, daß Kuba bereit wäre, aus irgendeinem seiner bedeutsameren außenpolitischen Engagements, sei es in Angola oder anderswo in Afrika, auszusteigen. Seit dem Rücktritt von Alexander Haig als Außenminister im Sommer 1982 haben die Kubaner das Gefühl, von Washington links liegengelassen zu werden. Das Treffen zwischen Carlos Rafael Rodriguez und Außenminister Haig im November 1981 in Mexico City empfanden die Kubaner als einen ermutigenden Fortschritt, und zwar einfach deshalb, weil es stattfand. Dagegen sei eine weitere Unterredung im Februar 1982 in Havanna, diesmal mit Reagans Sonderbotschafter General Vernon Walters, enttäuschend verlaufen. Wie der stellvertretende kubanische Premierminister sich ausdrückte: »Es war kein Dialog.« Es sei vielmehr praktisch ein Monolog des Generals gewesen, »voller Anekdoten aus einem an Anekdoten reichen Leben, über das wir jedoch Bescheid wußten«.

Als ich Kuba mit Zielrichtung Zentralamerika verließ, tat ich es unter dem Eindruck, daß kaum eine Hoffnung auf einen ernsthaften Dialog zwischen Washington und Havanna besteht. Gewiß wäre Kuba bereit, auf Distanz zu dem Kampfgeschehen und den kämpfenden Parteien in El Salvador zu gehen, aber Washington würde mit Kuba nur unter der Bedingung Verhandlungen aufnehmen, daß Havanna seinem Anspruch, Revolutionen in anderen Ländern zu unterstützen, notfalls auch mit Waffen, rundheraus abschwört, wozu die Kubaner nicht bereit sind. Die US-Invasion auf Grenada hat möglicherweise die Gefahr einer militärischen Konfrontation mit Kuba vergrößert.

Wenn man im Anschluß an Kuba Honduras besucht, lernt man verstehen, warum ein breiterer regionaler Konflikt in Zentralamerika zunehmend wahrscheinlicher wird. Von

Honduras aus operieren schließlich viele der Exilsöldner, die mit Unterstützung des CIA gegen die Sandinisten kämpfen. Diese Contras, in deren Reihen sich noch immer viele Anhänger des verhaßten Exdiktators Somoza finden, haben sich mittlerweile auch um eine Reihe enttäuschter Exsympathisanten der nicaraguanischen Revolution vermehrt, die mit der marxistischen Orientierung der Sandinisten nicht einverstanden sind. Die FDN (Nicaraguanische Demokratische Kraft), wie die Bewegung sich nennt, hat Verhandlungen mit der anderen, von Costa Rica aus operierenden antisandinistischen Gruppe, der ARDE (Demokratisch-Revolutionäre Allianz), geführt. Ein koordiniertes Vorgehen dieser beiden Gruppen, die zusammen schätzungsweise 10 000 Mann auf die Beine bringen, würde der nicaraguanischen Regierung einen Zweifrontenkrieg bescheren; aber das Verhältnis zwischen den beiden ist seit jeher gespannt. Die ARDE, deren militärische Abteilung von einem der Helden der sandinistischen Revolution, Edén Pastora (»Commandante Zero«), geleitet wird und deren politischer Kopf Alfonso Robelo ist, ein Studienkollege Pastoras, der Mitglied der ersten sandinistischen Junta nach der Revolution war, zeichnet sich durch häufige interne Zwistigkeiten aus. Pastora hat sich dem Ansinnen des CIA, mit der FDN zusammen ein gemeinsames militärisches Oberkommando zu bilden, stets widersetzt.[8] Im Unterschied zur FDN versteht sich die ARDE als eine Gruppierung »echter Sandinisten«, die ihre eigene Revolution verraten sehen.

Die Contras in Honduras lehnen Verhandlungen mit den Sandinisten, die ihrer Überzeugung nach die Revolution über ganz Zentralamerika verbreiten wollen, kategorisch ab. »Ihr Endziel«, erklärte mir ein FDN-Führer, »ist der Panamakanal und die Ölfelder Mexikos und Venezuelas.« Wenn die Contras auch auf militärische Erfolge an allen Abschnitten der honduranisch-nicaraguanischen

Grenze verweisen und behaupten, daß die Unterstützung für sie in Nicaragua täglich zunehme, so sind sie sich doch auch ihrer vollständigen Abhängigkeit von den Vereinigten Staaten bewußt. Die Zuschüsse des CIA zu ihrem sogenannten verdeckten Krieg bescheren ihnen die Feuerkraft, die sie brauchen, aber wenn es ihnen nicht bald gelingt, ein beträchtliches Stück nicaraguanischen Territoriums zu erobern und besetzt zu halten, werden die Vereinigten Staaten sie, so befürchten sie zumindest, fallenlassen. Zum politischen Programm der Contras gehören freie Wahlen, eine Generalamnestie und die »Abschaffung repressiver Institutionen«.

In Washington betrachtet man die Contras zwar nicht als nützliches Werkzeug, um die Sandinisten kontinuierlich unter Druck setzen zu können, aber weder die US-Regierung noch die honduranische Armeeführung ist davon überzeugt, daß sie über genug Stehvermögen verfügen, um das sandinistische Regime in die Knie zu zwingen. Um den Contras den Rücken zu stärken und die Voraussetzungen für einen von Erfolg gekrönten militärischen Schlagabtausch mit den nicaraguanischen Streitkräften zu schaffen, haben die USA, mit Schützenhilfe von Honduras, den Zentralamerikanischen Beistandspakt CONDECA wiederbelebt, der 1963 gegründet wurde und dem Honduras, Guatemala, El Salvador und Panama angehören (von denen die drei Erstgenannten das – von ihnen selbst so getaufte – »eiserne Dreieck« bilden). Sollte es zu einem offenen Krieg gegen Nicaragua kommen, wäre die CONDECA vermutlich das zur Durchführung dieser Operation benutzte regionale Instrument.

Honduras hat sich praktisch zum US-amerikanischen Flugzeugträger ausbauen lassen. Abgesehen davon, daß sich 1983 3500 US-Soldaten zu gemeinsamen Manövern mit der honduranischen Armee im Lande aufhielten, haben die USA dort auch ihr sogenanntes Regionales Militärisches Ausbildungszentrum eingerichtet; es gibt zunehmende Anzeichen dafür, daß dies nicht nur als vorübergehendes Engagement gedacht ist: Ranghohe Mitarbeiter der Regierung Reagan haben erklärt, daß US-Truppen für »absehbare Zukunft« Jahr für Jahr zu ähnlichen Manövern wie 1983 nach Honduras geschickt werden sollen; mit »absehbarer Zukunft« könne, so räumten sie ein, ein Zeitraum von bis zu zwanzig Jahren gemeint sein.[9] Und wie von Beauftragten des Senats ermittelt wurde, »gibt es handfeste Anzeichen dafür, daß unser Militär Flugplätze und andere Infrastrukturen aufbaut, um die Voraussetzungen für eine sehr umfangreiche und möglicherweise dauerhafte US-amerikanische Besatzung zu schaffen«.[10]

Angesichts dieses Aufmarsches war ich nicht überrascht, von führenden Leuten in Honduras zu erfahren, daß Verhandlungen mit den Sandinisten über Garantien für die Sicherheit von Honduras nicht in Frage kämen. Im Juli 1983 machte die honduranische Regierung knapp einhundert honduranische Rebellen dingfest, von denen die USA behaupten, sie seien auf Kuba ausgebildet worden und aus Nicaragua in Honduras eingesickert; es scheint jedoch, als gehe es der Regierung von Honduras weniger darum, ein solches Einsickern zu unterbinden, als darum, das Sandinistenregime zu Fall zu bringen. Im Präsidialamt, im Außenministerium und vor allem bei meinen Gesprächen mit Militärs bekam ich immer nur eines zu hören: daß »die ideologische Bedrohung aus Nicaragua« nur dadurch abgebaut werden könne, daß die Regierung in Managua ihre einst gegebenen Versprechen erfülle, eine gemischte Wirtschaft bestehen zu lassen, politischen Pluralismus zu garantieren und eine blockfreie Außenpolitik zu betreiben. Falls diese Bedingungen erfüllt würden, dann könnten, so die Standardargumentation, die Contras sich an freien Wahlen beteiligen, und die äußere Bedrohung für Nicaragua würde sich damit von selbst verflüchtigen.

Wie, so fragte ich, wollte Honduras diese elegante Lösung zuwege bringen? »Indem wir Druck auf die Sandinisten ausüben und die honduranischen Streitkräfte verstärken.« Und gesetzt den Fall, nicaraguanische Truppen würden bei einem Angriff auf die Contras einmal, gemäß der Doktrin der »In-flagranti-Verfolgung«, die Grenze nach Honduras überschreiten? Dies, so die Antwort, könnte die Lage so verschärfen, daß »Zentralamerika gezwungen sein wird, zu reagieren«.

Manche Beobachter sind der Überzeugung, daß so, wie die Dinge heute liegen, die Tage der gewählten zivilen Regierung von Honduras möglicherweise gezählt sind. Ein akuter Anlaß für ihre Absetzung besteht allerdings nicht, denn es ist eine schwache Regierung und die Streitkräfte können ohnehin tun, was ihnen beliebt. Dazu kommt, daß es innerhalb des Militärs Rivalitäten gibt. So zwang etwa im Mai 1984 eine Gruppe jüngerer Offiziere den General Gustavo Alvarez Martínez, den Oberbefehlshaber der Streitkräfte, sein Kommando niederzulegen und ins Exil zu gehen – er hatte sich durch seinen herrischen Führungsstil und seine zunehmende Machtfülle Feinde geschaffen. Aber in einem Klima zunehmender Militarisierung kann es leicht geschehen, daß das bißchen Demokratie, das es in Honduras gibt, auf der Strecke bleibt; schon liest man in Berichten verschiedener humanitärer Organisationen, daß die Verstöße gegen elementare Menschenrechte in Honduras im Verlauf des vergangenen Jahres zugenommen haben und daß die Vereinigten Staaten wenig oder nichts unternommen haben, um dieser Entwicklung entgegenzuwirken.[11]

An seiner Nordgrenze den Angriffen der Contras ausgesetzt und mit Bombenanschlägen auf seine Öltanks und Pipelines konfrontiert (die von Terrorkommandos der Contras mit eingestandener CIA-Unterstützung ausgeführt werden), befindet Nicaragua sich eindeutig in der

Situation einer belagerten Festung. Die Sandinisten erklären immer wieder, daß sie Sicherheit für ihr Land wollen und brauchen. Sie sind bereit, die Erfüllung dieser Forderung mit bedeutsamen Zugeständnissen zu honorieren, selbst mit der endgültigen Einstellung jeder Waffenhilfe für ihre in El Salvador kämpfenden ideologischen Brüder. Auf keinen Fall allerdings wären sie, wie sie mir erklärten, dazu bereit, ihre eigenen Regierungspraktiken oder innenpolitische Gestaltungsfragen zum Gegenstand zwischenstaatlicher Verhandlungen zu machen.

US-amerikanische Regierungsvertreter in der Region, mit denen ich mich unterhielt, äußerten sich unterschiedlich in der Beurteilung der Frage, wieviel Rückhalt die Sandinisten bei ihrer Bevölkerung genießen. Trotz einiger Konzessionen, die die Regierung in Managua in letzter Zeit gemacht hat, gibt es nach wie vor klare Anzeichen der Unzufriedenheit mit der Richtung, die die Revolution eingeschlagen hat. Der Druck auf die Gewerkschaften, sich der sandinistischen Parteiräson unterzuordnen, ist stark und allgegenwärtig; die Freiheit, ins Ausland reisen zu dürfen, wird weiter eingeschränkt; Ende 1983 wurde eine allgemeine Wehrpflicht eingeführt; die Presse wird nach wie vor zensiert (nicht mehr so stark wie in den voraufgegangenen Jahren, aber Zensur findet nach wie vor statt); ausländische Geistliche, die Kritik an der Revolution üben, sind des Landes verwiesen worden, und obwohl es Versöhnungsversuche gegeben hat, sind viele von ihnen nicht zurückgekehrt; im wirtschaftlichen Bereich herrscht verbreiteter Mangel, Artikel des täglichen Gebrauchs, wie Seife, Toilettenpapier und Benzin, sind rationiert. In Stadt und Land haben die Sandinisten nach kubanischem Vorbild »Komitees zur Verteidigung des Sandinismus« (CDS) gegründet, lokale, jeweils einen Wohnblock o.ä. umfassende Organisationen, die nicht nur für die Erledigung von Verwaltungsaufgaben (wie z.B. für die Verteilung von Lebensmitteln) eingesetzt werden, sondern auch zur Überwachung der Bürger. Wie ein CDS-Funktionär mir erklärte, als ich die Tätigkeit der Organisation in einem der *barrios* vor Ort besichtigte: »Solange es Konterrevolutionäre gibt, werden wir wachsam sein müssen.« Die wichtigsten Sandinisten-Führer, insbesondere der mächtige Parteiorganisator Bayardo Arce, sind, wie mir gesagt wurde, überzeugte Befürworter dieser Revolutionswächter-Komitees kubanischen Stils.

Andererseits liegen in Nicaragua immerhin noch 40 Prozent der Wirtschaft in privaten Händen, wenn es auch in allen Bereichen eine staatliche Preiskontrolle gibt. Die Regierung hat die Aufsicht über alle Banken und alle Devisenoperationen übernommen und kontrolliert alle Importe. Das Landreform-Programm wird weitergeführt, ebenso die ehrgeizigen Programme zur Verbesserung des Gesundheits- und des Bildungswesens. Was dem sandinistischen Regime jedoch in allererster Linie populären Rückhalt beschert, ist, wie selbst von Nicaraguanern bestätigt wurde, der wirtschaftliche und militärische Druck, den die Vereinigten Staaten auf das Land ausüben, um es – so jedenfalls das erklärte Ziel – auf den Weg zur pluralistischen Demokratie zurück- und von einer Entwicklung nach dem Vorbild Kubas abzubringen.

Bei einer Reise an die honduranisch-nicaraguanische Grenze kann man sich einen Eindruck davon verschaffen, mit welchen Mitteln die Contras den Frieden und die Stabilität in der Region zu erschüttern versuchen – und mit wieviel Selbstvertrauen das sandinistische Regime diesen seinen Feinden gegenübertritt. Etwa vier Autostunden von Managua, in dünn besiedeltem Weideland, liegt die kleine Ortschaft El Espino, in deren Nähe sich der wichtigste Grenzübergang nach Honduras befindet. Nach wiederholten Überfällen der Contras auf die Grenzstation haben die sandinistischen Streitkräfte den Grenzübergang ge-

räumt und sich in eine besser geschützte Stellung etwa fünf Kilometer weiter im Landesinneren zurückgezogen. Die wenigen kleinen Gebäude, die am Grenzübergang, am Fuße eines Berges, stehen, sind verlassen, von Granaten durchlöchert und ausgebrannt. Einhundert Meter weiter, in El Espino selbst, gibt es ebenfalls kein Leben mehr: Die Bewohner sind evakuiert, die Häuser und Läden mit Brettern vernagelt. Der Grenzübergang ist jetzt zum Rio Coco verlegt worden; dorthin fuhr ich mit zwei Begleitern auf einer Nebenstraße, die am Fluß entlangführt; wir wollten versuchen, das Städtchen Ocotal zu erreichen, in dem es zu schweren Kämpfen gekommen war.
Das etwa 45 000 Einwohner zählende Ocotal liegt auf der gegenüberliegenden Flußseite, eingeschlossen von Bergen, die bereits zu Honduras gehören; es bietet ein ideales Ziel für die Mörser der oben verschanzten Contras. Die Brücke wurde schon mehrmals durch Granateneinschläge zerstört und wieder repariert und kann von Kraftfahrzeugen nicht mehr befahren werden. Ich hatte das Glück, einen mit bewaffneten Milizionären besetzten Jeep aufzutreiben, der meinen Kleinwagen am Seil durch den Fluß schleppte, der in der Mitte immerhin 1,20 bis 1,50 Meter tief war. Nach geglückter Furt konnten wir unsere Fahrt fortsetzen, das heißt nach Ocotal hineinfahren.
Der erste Eindruck war der einer schwerbewaffneten Stadt: Viele ihrer Einwohner tragen automatische Waffen. Es scheint, als ob die Sandinisten in solchen Städten keine regulären Streitkräfte einsetzen, sieht man einmal von Offizieren ab. Die Verteidigung Ocotals jedenfalls ist einer heeresmäßig bewaffneten Miliz anvertraut, die aus ortsansässigen, von Offizieren ausgebildeten Personen besteht – eine Praxis, die geeignet scheint, ein gut trainiertes Reservistenheer hervorzubringen.
Am Abend, nach einer Kundgebung auf dem Hauptplatz, rückten uniformierte Milizionäre auf Lastwagen ins bergige

Umland aus, wo ein Verteidigungsring aus Schützenlöchern, Schützengräben und Befestigungen errichtet worden ist. Die ganze Nacht war ununterbrochen Maschinengewehrfeuer zu hören, wobei allerdings nicht sicher war, ob es sich tatsächlich um Schußwechsel mit irgendwelchen Contras handelte. Es könnte sein, daß die Milizionäre nur »Feueraufklärung« betrieben, das heißt ins Blaue schossen, um festzustellen, ob von irgendwoher zurückgeschossen wurde. Manche Feuerstöße mögen wohl auch dem Sichwachhalten gedient haben. Jemand sagte mir am Morgen darauf, daß es jede Nacht so gehe.

Die Geländebeschaffenheit in diesem Grenzgebiet erlaubt es den Contras, sich dort relativ ungehindert zu bewegen; ich kann mir aber nur schwer vorstellen, daß sie es schaffen würden, eine Stadt, gleich welcher Größe, zu erobern und besetzt zu halten. Die Bewohner der Grenzstädte sind eifrig dabei, ein ausgeklügeltes System von Luftschutzbunkern für Kinder und alte Leute aufzubauen. Und vor allem: das Volk steht unter Waffen – der eindeutigste Beweis für die Selbstgewißheit der Sandinisten. Eine Regierung würde sich hüten, eine ihr feindlich gesonnene Bevölkerung zu bewaffnen, und wie ich erfuhr, sollen die örtlichen Milizen fast im ganzen Land mit Waffen ausgerüstet sein.

Die Contras können mit Unterstützung und Zulauf am ehesten noch an der Atlantikküste rechnen, wo die Miskito-Indianer leben. Die Sandinisten haben die Miskitos sehr schlecht behandelt, haben sie in Umsiedlungslager gepfercht und sie einer ideologischen Umerziehungskampagne unterworfen. Selbst Somoza, der diese Region wirtschaftlich ausbeutete, war klug genug, die Indianer in Ruhe zu lassen. Die Sandinisten haben sich, indem sie dies nicht taten, die Miskitos zu Feinden gemacht.

Wenn die Contras unter den Miskitos und den anderen Bewohnern der Ostküste (die traditionell der Regierung

im fernen Managua mißtrauen) Bündnisgenossen finden könnten, dann würde, wie manche US-Experten meinen, die Schaffung einer »befreiten Zone« (wie es sie im Lauf der Geschichte des Landes in der atlantischen Küstenprovinz schon viele Male in allen möglichen Varianten gegeben hat) mit einer provisorischen Regierung zu einer realen Möglichkeit; diese Regierung würde dann von den USA und den mit ihnen verbündeten lateinamerikanischen Regierungen diplomatisch anerkannt werden. Dieses strategische Kalkül sieht weiter vor, daß die CONDECA-Staaten sodann Truppenkontingente zum »Schutz« der provisorischen Regierung aufmarschieren lassen würden; von See her würde die US-Marine, von Honduras her die dort stationierten US-Einheiten logistische Unterstützung leisten – oder auch direkt eingreifen, wenn es unbedingt sein müßte.[12] Die kenntnisreicheren unter den US-Diplomaten, mit denen ich mich unterhielt, finden diesen Plan nicht allzu bestechend. Ihrer Ansicht nach birgt er das Risiko eines ausufernden Krieges und könnte sogar dazu führen, daß Freiwillige aus Mexiko und Venezuela Seite an Seite mit den Sandinisten gegen ein von den USA protegiertes »freies Nicaragua« in den Kampf ziehen.
Die Sandinisten andererseits zeigten sich, mit solchen Planspielen konfrontiert, bereit, den anderen Ländern Zentralamerikas Nichtangriffsgarantien zu geben, wenn sie im Gegenzug von ihren Nachbarn *und von den Vereinigten Staaten* die Garantie erhalten, daß Nicaragua nicht um seine äußere Sicherheit fürchten muß. Eine solche Garantie würde den Sandinisten Zeit geben, sich den internen Problemen des Landes zu widmen oder, wie sie selbst es formulieren würden, »die Revolution zu konsolidieren«, unter anderem im Hinblick auf die im November 1984 vorgesehenen Wahlen. Die Grundgedanken eines solchen Quidproquo waren in dem sandinistischen Sechs-Punkte-Programm vom Juli 1983 und auch in den vier

Vertragsentwürfen enthalten, die Ende 1983 vorgelegt wurden.
Wie wir bereits gesehen haben, hat jedoch die Regierung Reagan solche Verhandlungsangebote konsequent ignoriert. Indem sie es ablehnte, die Vorschläge Nicaraguas auch nur zu erörtern, hat sie erneut unter Beweis gestellt, daß sie nicht bereit ist, eine Abtrennung der sicherheitspolitischen Fragen von den Forderungen zu akzeptieren, die sie in bezug auf die Innenpolitik der Sandinisten erhebt – daß die Entwicklung Nicaraguas auf ein marxistisch-leninistisches Staatswesen zu rückgängig gemacht werden müsse. Indem die US-Regierung auf einem Junktim zwischen diesen beiden Verhandlungsgegenständen beharrt, versperrt sie einen Verhandlungsweg, der nach Ansicht ranghoher amerikanischer Diplomaten, mit denen ich sprach, zu lohnenden Resultaten sowohl für die Vereinigten Staaten als auch für Zentralamerika als Ganzes führen könnte: keine sowjetischen oder kubanischen Stützpunkte auf nicaraguanischem Boden, keine Neuanschaffung fortgeschrittener Waffensysteme mehr, Überwachung der Land-, See- und Luftstützpunkte in der Region sowie der Grenzen, soweit möglich, und schließlich eine weitere Verminderung der Zahl der kubanischen Berater in Nicaragua.
Auch die Regierung von El Salvador möchte, wenn auch in einem ganz anderen Sinn, von den Vereinigten Staaten eine Sicherheitsgarantie haben. Sie erwartet, daß Washington so lange ihre Streitkräfte ausbildet und ausrüstet, bis die Rebellen besiegt sind oder sich bereit erklären, an Wahlen teilzunehmen. Die Regierung Reagan kann dies beim besten Willen nicht als eine einfach zu lösende Aufgabe betrachten angesichts der militärischen Pattsituation und der fortwährenden Menschenrechtsverletzungen (wenn dies nicht ein zu schönfärberischer Ausdruck für die Ermordung Tausender von Zivilisten ist), die die Streit-

kräfte vorgeblich zum Schutz ihrer Mitbürger begehen – auch unter der Präsidentschaft von Napoleón Duarte hat sich daran nichts geändert.

Die Aussichten auf ernsthafte Verhandlungen scheinen gering. Die FMLN hat den Rat der Kubaner in der Tat befolgt: Nachdem im Frühjahr 1983 zwei ihrer Führer durch Mord bzw. Selbstmord ums Leben kamen, koordinierte sie ihr militärisches Vorgehen und kämpft nun mit weitaus größerer Raffinesse als zuvor; sie hat die Fähigkeit entwickelt, gleichzeitig an verschiedenen Orten zuzuschlagen, und hat nach Angabe von US-Militärberatern die Initiative übernommen. Dazu kommt, daß der neue Befehlshaber der Rebellentruppen, Joaquin Villalobos, der sich als der politisch und miliärisch führende Kopf der Linken etabliert hat, den taktischen Wert von Verhandlungsangeboten einzuschätzen weiß.

Bei ihrem Treffen mit der salvadorenischen Friedenskommission im September 1983 in Bogotá konnten sich die Delegierten der FMLN mit ihrer Forderung nach der Bildung einer provisorischen Regierung noch vor den Wahlen vom 31. März nicht durchsetzen. Solange es nicht ein gemeinsames militärisches Oberkommando gäbe, könnten die salvadorenischen Streitkräfte, so erklärten die Rebellen, ihre Sicherheit nicht gewährleisten. In der Tat soll die salvadorenische Friedenskommission, als die Verhandlungsführer der Rebellen vorschlugen, das nächste Treffen in San Salvador selbst zu veranstalten, eingeräumt haben, daß sie dort ihren Schutz nicht garantieren könne. Die Rebellen sollen darauf geantwortet haben: »Wenn ihr nicht fünf Stunden lang für unsere Sicherheit gradestehen könnt, wie wollt ihr sie uns dann für die Dauer eines fünfwöchigen Wahlkampfs garantieren?« Gewiß eine sehr »entblößende« Frage – nur daß in El Salvador niemandes Sicherheit gewährleistet werden kann.

Ich verließ El Salvador in der Überzeugung, daß eine

Beteiligung der Rebellen an der Macht derzeit keine realistische Option ist; diese Überzeugung hat sich seither noch verstärkt. Argumente, die für eine Machtbeteiligung sprechen, lassen sich leicht finden.[13] Sie wäre, so scheint es zumindest, ein probates Mittel zur Beendigung des Bürgerkriegs: Die USA müßten nur die salvadorenischen Streitkräfte zwingen, die Sicherheit der Rebellen zu garantieren, und würden auch dafür sorgen – entweder aus eigenen Kräften oder unter Einschaltung einer internationalen Friedenstruppe –, daß eine wirklich pluralistische Wahl (d.h. unter gleichberechtigter Beteiligung der Opposition) durchgeführt und daß nicht manipuliert würde. Allein eine solche Vorstellung ist, wie die jüngsten Wahlen in El Salvador gezeigt haben, schlicht und einfach Wunschdenken. Erstens einmal müßte die salvadorenische Regierung – oder die US-Regierung – einschneidende personelle Umbesetzungen in der Führung der Streitkräfte vornehmen. Aber zu wessen Gunsten? Die Streitkräfte sind, wie US-Diplomaten zugeben, nach rechts gerückt und wollen von einer Teilung der Macht mit den Rebellen nichts wissen; und der neue Präsident, Napoleón Duarte, verfügt nicht über die Macht, den Streitkräften irgend etwas aufzuzwingen, das sie nicht wollen. Würde er dies versuchen, so könnte ihn das seine Position kosten.

Wie und von wem könnten die Streitkräfte dann dazu gebracht werden, eine Nationalversammlung zu tolerieren, die das gesamte politische Spektrum repräsentieren würde? Die Antwort, die die USA auf diese Frage gefunden haben, lautet: »Professionalisierung der Streitkräfte«, was nichts anderes bedeutet als eine qualitative Umstrukturierung des Offizierskorps. Das Ausbildungsprogramm der US-Streitkräfte für salvadorenische Offiziersanwärter in Fort Benning soll die Gewähr dafür bieten, daß diese Abtrennung des Offizierskorps von der äußersten Rechten gelingt. Indes, selbst wenn der unwahrscheinliche Fall einträte, daß diese Rechnung aufginge und die aus diesem Programm hervorgehende neue Militärführung den Todesschwadronen das Handwerk legen und ein Klima der inneren Sicherheit schaffen würde, in dem Duarte seine sogenannte Mitte-Links-Politik verwirklichen könnte, so wird dies doch alles Zeit brauchen. Vier bis sechs Jahre ist noch eine optimistische Schätzung, denn immerhin geht dieses Programm von der Annahme aus, die eingewurzelte Intoleranz der salvadorenischen Offiziere könnte durch Lehrgänge in Fort Benning aufgeweicht werden und die jüngeren Offiziere würden sich dann gegen ihre Vorgesetzten stellen.

Zugleich versuchen die USA auch die Qualität der einfachen Soldaten der Armee zu heben, entweder indem sie Berater entsenden – gegenwärtig ist deren Höchstzahl auf fünfundfünfzig begrenzt – oder indem sie ganze Bataillone nach Honduras verfrachten und sie im Regionalen Militärischen Ausbildungszentrum drillen. Allerdings macht sich, selbst wenn einzelne Einheiten, wie das von US-Offizieren trainierte »Schnelle Eingreifbataillon Atlacatl«, gut kämpfen, die Tatsache nachteilig bemerkbar, daß es innerhalb der Streitkräfte keinen einheitlichen Befehlsstrang vom Oberkommandierenden bis hinunter zu den einzelnen Truppenteilen gibt. Bisher war es meist so, daß jeder »Sektor« auf eigene Faust vorging, und auch heute noch ergreifen viele Einheiten lieber die Flucht, als sich zu einem Gefecht zu stellen, was ihnen die Erfüllung ihres Auftrags, die Rebellen zu besiegen, nicht gerade leichter macht, zumal diese seit einiger Zeit, wie geschildert, koordiniert vorgehen. Eine Zeitlang versuchten die US-Amerikaner, die salvadorenischen Streitkräfte davon zu überzeugen, daß sie nicht nur Gefangene machen, sondern sich auch um den Wiederaufbau der Provinzen, in denen sie gegen die Rebellen gekämpft hatten, kümmern sollten. Durch die Instandsetzung der Straßen, die

Wiedereröffnung der Schulen und durch eine Verbesserung der medizinischen Versorgung sollte die Armee demonstrieren, daß ihr das Wohl der Bevölkerung am Herzen liegt. Wie in Vietnam, versuchte Washington auch in El Salvador den Anspruch durchzusetzen, daß es nicht nur darauf ankomme, gegen die Rebellen zu kämpfen, sondern auch darauf, »die Herzen und Köpfe der Menschen« zu gewinnen. Leider braucht man für ein solches Programm mehr als nur eine große Zahl von Soldaten, nämlich eine Armee, die auch bereit ist, soziale Reformen in die Wege zu leiten. Offenkundig sind bislang nur wenige salvadorenische Offiziere für ein solches, wie man es nennen könnte, »soziales Wiederaufforstungsprogramm« gewonnen worden, über das einer der fähigsten unter ihnen sagt, es sei »in Amerika [d.h. den USA] gemacht« und einer erfolgreichen Kriegführung nicht dienlich.

Was die militärische Lage betrifft, so läßt sie sich bestenfalls als eine Pattsituation charakterisieren. Die (nach Schätzungen) 10 000 bis 12 000 Rebellen können in den östlichen Landesteilen und auch in einzelnen Enklaven im Norden und Osten des Landes ungehindert operieren. Wenn die Armee mit einem großen Truppenaufgebot erscheint, zerstreuen sich die Guerillakämpfer, wobei sie ihre Toten mitnehmen, damit keine Gefallenen gezählt werden können. Die Armee besetzt das betreffende Gebiet, und die Rebellen schlagen früher oder später anderswo zu. Ob die FMLN in den Städten über Rückhalt verfügt, ist eine offene Frage; die US-Militärberater glauben es nicht. Weder sie noch die US-Diplomaten gehen davon aus, daß es sich bei den Opfern der Todesschwadronen in den Städten um Anhänger der FMLN handelt; es sind wahrscheinlich einfach Personen, die, ob zu Recht oder zu Unrecht, in den Verdacht geraten sind, den rechtsradikalen Militärs kritisch gegenüberzustehen.

Angesichts der fortgesetzten Menschenrechtsverstöße

wird die Wahl Duartes zum Präsidenten nichts daran ändern, daß die Unterstützung, die das herrschende Regime im US-Kongreß noch genießt, unter dem Druck der Öffentlichkeit weiter nachlassen wird. Die salvadorenische Rechte erkennt dies zwar, setzt aber darauf, daß die Entschlossenheit der Regierung Reagan, eine marxistische Machtübernahme in El Salvador zu verhindern, so groß ist, daß sie die dortigen Machthaber niemals im Stich lassen würde – und umgekehrt würden diese sicherlich niemals der Regierung Reagan untreu werden. Vorläufig spielt die US-Regierung auf Zeit, stößt verbale Anklagen gegen die Todesschwadronen aus und droht mit einer Kürzung der Militärhilfe, wenn die Streitkräfte diese Mörderbanden nicht an die Kandare nehmen.
Manche US-Amerikaner vertreten den Standpunkt, Washington müsse sowohl der Regierung Duarte als auch der salvadorenischen Armee unmißverständlich klarmachen, daß die USA sich aus dem Land zurückziehen, wenn der Ermordung von Zivilisten nicht Einhalt geboten wird. Mehrere Salvadorener, mit denen ich mich unterhielt, führten gegen diesen Vorschlag ein makabres Argument ins Feld: daß die Streitkräfte, von den USA im Stich gelassen, möglicherweise zu einer Neuauflage der Massaker von 1932 blasen würden, als bis zu 30 000 Bauern, die im Verdacht standen, sich an Aufständen gegen die Oligarchen beteiligt zu haben, hingeschlachtet wurden. Dies mag eine Schreckensvision sein, die nur dem Zweck dient, die USA von jedem Gedanken an ein Ultimatum der geschilderten Art abzubringen; auf jeden Fall aber gibt es keine Garantie dafür, daß die salvadorenischen Streitkräfte sich durch Drohungen aus Washington, die sich in der Vergangenheit als hohl erwiesen haben, einschüchtern lassen würden.
Solange es nicht zu einer Beteiligung der Rebellen an der Macht kommt, werden die Vereinigten Staaten zweifellos

ihre Bemühungen um eine »Umerziehung« der Streitkräfte fortsetzen – bis sie zu dem Schluß kommen, daß dies vergebliche Liebesmüh ist (oder auch nicht; vielleicht läßt sich dies an der Zukunft der Regierung Duarte ablesen). Erst wenn es einmal soweit ist, kann man damit rechnen, daß die USA einen Rückzug aus El Salvador in Erwägung ziehen würden, selbst um den Preis eines dadurch möglich werdenden Triumphs der FMLN.

Ein Ausstieg aus der Militärhilfe für El Salvador wäre für jede US-Regierung ein äußerst schwieriges Unterfangen. Die Kubaner haben sich mittlerweile als Schutzpatrone der FMLN zu erkennen gegeben, und man kann erwarten, daß sich daran so schnell nichts ändern wird. Wenn auch die politischen Sprecher der Befreiungsfront beteuern, daß sie ein demokratisches El Salvador wollen und auf gute Beziehungen zu den Vereinigten Staaten Wert legen, können wir doch nicht wissen, was nach einer Machtübernahme der FMLN passieren würde; das Regime, das sich dann etabliert, könnte sich als ebenso blutig und repressiv erweisen wie das heutige. Die USA haben die Möglichkeit, im voraus klarzustellen, daß sie die Einrichtung sowjetischer Stützpunkte oder die Aufstellung sowjetischer Raketen nicht hinnehmen würden (sollten die Russen töricht genug sein, dies zu versuchen, wofür es allerdings keinerlei Anzeichen gibt). Auf jeden Fall müßten die Vereinigten Staaten wirtschaftlich und diplomatisch einiges investieren, um einen Teil ihres Einflusses auf und in El Salvador zu retten.

2 Ein großer Teil der künftigen Debatte darüber, was die Vereinigten Staaten in Zentralamerika tun oder nicht tun sollten, wird weiterhin um die Vorstellung kreisen, die USA könnten ihre »Glaubwürdigkeit« als Supermacht einbüßen, wenn sie sich nicht als Herr im eigenen »Hinterhof« erweisen. Wie der frühere Stellvertretende Staatssekretär für Interamerikanische Angelegenheiten, Viron P. Vaky, in seinem blendenden Beitrag zur Studie der Carnegie-Stiftung zeigt, verleitet das Glaubwürdigkeits-Argument leicht zu der Folgerung, »daß die bloße *Existenz* eines marxistischen Regimes in Zentralamerika die ›Glaubwürdigkeit‹ der USA schädigt, *ob es mit der Sowjetmacht liiert ist oder nicht*«. Wenn dem so wäre, dann gäbe es für die Vereinigten Staaten eigentlich keine andere Wahl, als das sandinistische Regime zu stürzen – mit ihm über Sicherheitsgarantien zu verhandeln, wäre dann natürlich unsinnig. Wenn unsere Handlanger in der Region, die Contras, den Umsturz nicht zuwege bringen (und es sieht nicht so aus, als könnten sie es), dann wird unsere Regierung zu allen erdenklichen Formen der Druckausübung – von der wirtschaftlichen Strangulierung bis zur militärischen Einschüchterung der Sandinisten – Zuflucht nehmen müssen. Und wenn dies alles nicht zum erwünschten Erfolg führt, bleibt nach der dem US-Standpunkt innewohnenden Logik nur die militärische Intervention. Wenn die US-Bürger ihrer Regierung die Unterstützung für einen solchen außenpolitischen Kraftakt versagen, untergraben sie damit, so die Argumentation, die »Glaubwürdigkeit der Nation«.
Ähnlich verhält es sich mit El Salvador. Wenn es dort nicht zu einer Art »Selbstreinigung« der Streitkräfte kommt, wird aus dem angestrebten Demokratisierungsprozeß höchstwahrscheinlich nichts werden. Wir können die Militärs zu Reformen ermahnen, aber zwingen können wir sie dazu nur, indem wir selbst Truppen in das Land entsenden

würden, was unter den gegenwärtigen politischen Bedingungen ziemlich ausgeschlossen erscheint. Ungeachtet der von der Kissinger-Kommission geäußerten Auffassung, daß die USA die Fortsetzung der Militärhilfe für El Salvador von einer meßbaren Verbesserung der Menschenrechtssituation abhängig machen sollten, könnten die salvadorenischen Militärs versucht sein, die diesbezüglichen Mahnungen Washingtons in den Wind zu schlagen, im Vertrauen darauf, daß die US-Regierung der ihrer »Glaubwürdigkeit« drohenden Gefahr im Falle einer Machtübernahme marxistischer Kräfte in El Salvador einen höheren Stellenwert beimißt als der Sorge um die Beachtung der Menschenrechte. In diesem Fall müssen wir uns, wie Vaky es formuliert, darauf gefaßt machen, daß »die Entwicklung in etwa so weitergehen wird wie bisher – mit bewaffneten Auseinandersetzungen und Blutvergießen, mit zunehmenden US-Eingriffen in die nationalen Belange El Salvadors und einer wachsenden Versuchung, sich immer tiefer in den militärischen Konflikt zu verstricken, entweder direkt mit Beratern und Spezialisten oder durch ... Handlanger«.[14]
Die Regierung Reagan ist, so scheint es bislang, nicht gewillt, Verhandlungen ernsthaft als einen möglichen Ausweg aus einer Situation, die ihr aus der Hand gleiten könnte, in Erwägung zu ziehen. Sie glaubt nicht, sich mit einem marxistisch-leninistischen Regime in Nicaragua arrangieren zu können. Doch vielleicht wird ihr nichts anderes übrigbleiben. Es ist noch nicht so lange her, daß eine US-Regierung von ihren Kritikern beschuldigt wurde, China an die Kommunisten »verloren« zu haben. Zwei Jahrzehnte später nahm Washington diplomatische Beziehungen mit China auf und durfte dieses Land sogar als einen mutmaßlichen Verbündeten gegen die Sowjetunion betrachten. Die Verbündeten der USA betrachteten die Normalisierung der Beziehungen zu China als einen klugen

Schritt. Sie bescheinigten der Regierung Nixon, daß sie mit ihrer Abkehr von einem politischen Irrweg in Vietnam eine reife und produktive außenpolitische Leistung vollbracht hatte. Heute brauchen wir wieder eine kreative Diplomatie, wenn wir in Zentralamerika eine verfahrene Lage zum Besseren wenden wollen.
Wenn es für die USA in Zentralamerika eine Politik gibt, die die Zustimmung der meisten Lateinamerikaner fände und ein neues Kapitel in den Beziehungen der Vereinigten Staaten zu dieser Region aufschlagen könnte, dann wäre dies eine auf die *Entmilitarisierung* der Region zielende Politik.
Wie eine solche Politik in bezug auf Nicaragua aussehen könnte, habe ich bereits ausgeführt: Verhandlungen mit den Sandinisten über Sicherheitsgarantien, die geeignet wären, die Befürchtungen der Nachbarstaaten vor einem Revolutionsexport aus Nicaragua zu zerstreuen, Einstellung des von den Contras mit US-Unterstützung von sicheren Stützpunkten im benachbarten Honduras aus geführten »verdeckten Krieges«. Daneben müßten die USA, zusammen mit der Contadora-Gruppe und den Mitgliedsstaaten der Sozialistischen Internationale (in der die Führer sozialistischer und sozialdemokratischer Parteien aus Europa und Lateinamerika vertreten sind), das Sandinisten-Regime unter Druck setzen, um es zu demokratischen Reformen zu bewegen. Die katholische Kirche und das Privatunternehmertum in Nicaragua sind Faktoren von nicht zu unterschätzendem Gewicht, zumal angesichts einer darniederliegenden Wirtschaft – das Pro-Kopf-Einkommen ist mittlerweile auf einem Drittel des Wertes von 1979 angelangt. Wenn Nicaragua dem schlechten Beispiel Kubas folgt und sich auf Dauer an den wirtschaftlichen Tropf Moskaus hängen lassen muß, um dem wirtschaftlichen Kollaps zu entgehen, wird es, wie Kuba, als gescheiterte Hoffnung enden und für niemanden ein Vorbild sein.

Sollte eine solche Entwicklung tatsächlich eintreten, dann wäre es für die USA schädlich, wenn bei den Nachbarn Nicaraguas der Eindruck entstünde, dies sei weniger das Ergebnis sandinistischer Politik als vielmehr eine den Nicaraguanern von der feindseligen und rachsüchtigen Supermacht USA aufgezwungene Entwicklung. Die Staaten Westeuropas und auch einige interessierte lateinamerikanische Länder wie Mexiko, Kolumbien und Venezuela können Nicaragua unter der Bedingung, daß es einen politischen Pluralismus wiederherstellt, wirtschaftliche Anreize gewähren. Daß eine solche Politik zum Erfolg führt, dafür gibt es natürlich keine Garantie; aber wenn man mit einer solchen Politik verhindern kann, daß Nicaragua in eine totale wirtschaftliche Abhängigkeit von der Sowjetunion gerät, scheint mir dies eine gewisse Gewähr dafür zu bieten, daß die Sandinisten ihr Land nicht als Stützpunkt für sowjetische Raketenstellungen zur Verfügung stellen werden.

Eine Politik, die darauf angelegt wäre, eine weitere Aufrüstung Nicaraguas zu verhindern und den salvadorenischen Rebellen die militärische Unterstützung aus dem Ausland zu entziehen, müßte unter anderem eine Entmilitarisierung von Honduras anstreben. Die Errichtung dauerhafter US-Stützpunkte in Honduras, wie sie jetzt vorgesehen ist, müßte daher unterbleiben. Die Anwesenheit Tausender US-Soldaten zum Zwecke gemeinsamer Manöver mit (1984) bis zu 25 000 honduranischen Soldaten fördert nachhaltig den politischen Einfluß des Militärs – in einem Land, in dessen politischem Leben es ohnehin erst wenige, zerbrechliche demokratische Ansätze gibt.[15] Die Präsidentschaftswahl von 1981 war fraglos demokratisch, aber inzwischen hat die von den USA betriebene Militarisierung von Honduras zu einer faktischen politischen Vorherrschaft der Streitkräfte geführt. Dazu kommt, daß die US-Regierung, indem sie die Probleme dieses jämmerlich armen Landes in das Raster des Ost-West-Konflikts zwängt, dazu beigetragen hat, daß von wirtschaftlichen Reformen nicht mehr die Rede ist.[16] Was Honduras braucht, sind nicht mehr US-Dollars für Rüstungszwecke (zwischen 1982 und 1984 hat sich die US-Militärhilfe von 11 auf 40 Milliarden Dollar erhöht), sondern Verhandlungen darüber, wie das Land aus der Sackgasse seiner Verschuldung herauskommen kann.

In El Salvador zeichnen sich die politischen Alternativen, die sich der US-Regierung bieten, weniger deutlich ab. Nicaragua hat eine funktionierende Regierung, mit der Washington verhandeln kann, *wenn* es will. Gleich, wie die für November 1984 geplanten Wahlen verlaufen, es werden Sandinisten sein, die in Managua die politische Macht innehaben. In Honduras sind demokratische Strukturen ansatzweise vorhanden, die sich ausbauen ließen, und es liegen Vorschläge für ein Sicherheitsabkommen zwischen Tegucigalpa und Managua auf dem Tisch, die in die Tat umgesetzt werden könnten. In El Salvador jedoch hat die Präsidentschaftswahl von 1984 nur eine zeitliche Verlängerung des Status quo gebracht. Man kann sich nur schwer vorstellen, wie es dort zu einer wirksamen Kontrolle der Militärs durch die zivile Regierung kommen soll: Die gegenwärtige militärische Führung ist nicht bereit, sich einer zivilen Autorität unterzuordnen, so daß im Grunde nur die Entfernung eines großen Teils der hochrangigen Offiziere aus ihren Kommandopositionen weiterhelfen würde. Daß dies möglich sein sollte, erscheint illusorisch. Auch unter einem christdemokratischen Präsidenten ist die Gesetzgebung in den Händen der Rechtsparteien geblieben; und nach wie vor bestehen engste Verbindungen zwischen den Kommandeuren der Todesschwadronen und höchstrangigen Offizieren der Streitkräfte.[17]

So, wie die Dinge liegen, werden die Vereinigten Staaten wohl eine bestimmte Frist setzen müssen – beispielsweise sechs Monate, vom Amtsantritt Duartes an gerechnet –, nach deren Ablauf man beurteilen kann, ob die neue Regierung die Streitkräfte wirksam zu kontrollieren in der Lage ist, das heißt ob es ihr gelingt, die Todesschwadronen zu zerschlagen und die an Mordtaten beteiligten Offiziere ins Gefängnis zu bringen oder wenigstens ins Exil zu zwingen. Belastete Offiziere einfach auf einen anderen Posten zu versetzen wird nicht genügen; es bedarf einer radikalen Erneuerung des salvadorenischen Offizierskorps, wenn sich in El Salvador die Chance für eine demokratische Entwicklung eröffnen soll.

Wenn es dem neuen Präsidenten gelänge, die Streitkräfte von Extremisten zu säubern, könnte er in Gespräche mit den Rebellen eintreten und in der Folge deren radikalste Elemente in die Isolation manövrieren. Eine Strategie, die sich die vorhandenen Gegensätze innerhalb der Linken zunutze machen würde, um die gemäßigteren von den radikaleren Kräften zu trennen, wäre wohl als einzige geeignet, zu einer akzeptablen Form der Machtteilung zu führen. Aber man muß schon ein großer Optimist sein, um so etwas für möglich zu halten. Weit wahrscheinlicher ist, daß der Bürgerkrieg weitergehen wird, daß die Todesschwadronen weiter aktiv bleiben werden und daß die Unterstützung für die Rebellen zunehmen wird. Eine mit einem konkreten Zeitplan gekoppelte Drohung der US-Regierung mit progressiven Kürzungen der Wirtschafts- und Militärhilfe könnte die letzte Chance bieten, die Regierung in San Salvador zum Handeln – oder anders ausgedrückt: das Militär zu einer »Selbstreinigung« – zu zwingen.

Falls die Streitkräfte sich weigern würden, die Forderungen der USA zu erfüllen, müßten diese die Konsequenz ziehen und ihre Drohungen wahrmachen. Wie McGeorge Bundy unter ausdrücklicher Bezugnahme auf die Lektion, die wir aus dem Vietnamkrieg gelernt haben müßten, geschrieben hat: »[Falls die Regierung von El Salvador] in einer Weise agiert, die die Wirksamkeit unserer Hilfe untergräbt, und falls wir sie nicht dazu veranlassen wollen oder können, ihr Verhalten zu ändern, dann muß für uns die Devise lauten: Je früher wir uns da herausziehen, desto besser.«[18] Was aber ist von der Möglichkeit zu halten, die ich bereits einmal erwähnt habe – daß die salvadorenischen Streitkräfte, wenn sie von den USA im Stich gelassen werden, Blutbäder unter ihrer Bevölkerung anrichten und zu einem wahllosen Terror greifen, um sich an der Macht zu halten?

Wie das Beispiel Guatemala soeben wieder anschaulich zeigt, könnten wir in einem solchen Fall vergleichsweise wenig tun. Wenn in irgendeinem Land die Machthaber beschließen, mit Hilfe von massenhaftem Terror und Blutvergießen, von Folter und Gefängnis zu regieren, und andere Staaten nicht willens oder nicht in der Lage sind, direkt zu intervenieren, bleibt kaum etwas anderes übrig, als ohnmächtig zuzusehen. Gewiß, man kann mit wirtschaftlichen Sanktionen Druck auszuüben versuchen, notfalls indem man solche Staaten zu »Parias« erklärt, ihnen jegliche Unterstützung sperrt und versucht, möglichst viele andere Länder für entsprechende Boykottmaßnahmen zu gewinnen. Dies alles garantiert freilich nicht, daß das betreffende Regime seine Terrorherrschaft beendet – aber eine solche Garantie vermag auch keine andere Politik zu liefern, ausgenommen eine direkte militärische Intervention; einen solchen Schritt sollten – und würden – die USA jedoch eingedenk nicht nur ihrer Erfahrungen mit Vietnam, sondern auch der Geschichte ihres Engagements in Zentralamerika nur im äußersten Notfall tun.

Ein Rückzug aus dem El-Salvador-Engagement müßte und dürfte allerdings nicht bedeuten, daß die Vereinigten Staaten sich nicht mehr darum kümmern, was in der Region vorgeht. Wir haben den Russen vor über zwanzig

Jahren klargemacht, daß wir die Aufstellung von Raketen auf kubanischem Boden nicht hinnehmen würden; wir können heute ebenso klarstellen, daß wir die Stationierung irgendwelcher sowjetischen Atomwaffen in Zentralamerika nicht hinnehmen würden.

Es geht uns indes nicht nur um militärische Sicherheit, sondern auch um Stabilität, und das Land, um das wir uns in dieser Beziehung am meisten kümmern sollten, ist Mexiko. Eines der Argumente, mit denen die Regierung Reagan ihr gesteigertes militärisches Engagement in Zentralamerika rechtfertigt, besagt ja, daß es auf diese Weise einem Übergreifen der Revolution auf Mexiko, den sogenannten letzten Dominostein, vorzubeugen gelte.

Mexiko hat sich im Verlauf des letzten halben Jahrhunderts als ein bemerkenswert stabiles Land erwiesen, aber die Probleme, mit denen es heute konfrontiert ist, sind schwerwiegend. Es liegt zweifellos im Interesse der Vereinigten Staaten, daß Mexiko stabil bleibt, aber nach den Ursachen für mögliche Erschütterungen sollte man nicht in benachbarten zentralamerikanischen Ländern suchen, sondern in Mexiko selbst. Was den politischen Status quo in Mexiko (ebenso wie in Brasilien, Argentinien und Costa Rica) in naher Zukunft gefährden könnte, das sind die enormen finanziellen Belastungen, die auf diese Länder, die die siebziger Jahre über hemmungslos Kredite aufgenommen haben, jetzt zukommen. Mexiko beispielsweise glaubte nach der Entdeckung neuer großer Ölvorkommen auf seinem Territorium ohne Risiko riesige Auslandsschulden anhäufen zu können, und die internationalen Banken waren auch freudig bereit, dem Land Kredite zu geben. Die Wachstumsraten waren hoch, und die Aussichten standen für die mexikanische Wirtschaft rundum günstig, bis in den achtziger Jahren der Ölpreisverfall einsetzte. In diesem Augenblick wurde deutlich, daß Mexiko seine Zukunft verpfändet hatte und sehr schnell den Punkt erreichen konnte, an dem es seine laufenden Rückzahlungsverpflichtungen nicht mehr würde erfüllen können; als im Verlauf des Jahres 1982 der Peso achtzig Prozent seines Wertes einbüßte, sah Mexiko sich tatsächlich nicht mehr in der Lage, fällige Zins- und Tilgungszahlungen zu leisten. Die Folge war, daß die Regierung sich im August 1982 zu einem rigorosen Einsparungsprogramm verpflichten mußte, um von internationalen Kreditorganisationen zusätzliche Überbrückungsgelder und von den privaten Gläubigerbanken einen Zahlungsaufschub für das Gros seiner Schulden zu erhalten.

Aber damit ist das Problem noch lange nicht gelöst. Die mexikanische Wirtschaft steckt in einer tiefen Krise. Die Arbeitslosigkeit ist stark angestiegen. Die Inflationsrate lag 1983 bei über 90 Prozent. Da die Vereinigten Staaten eines der wichtigsten Geberländer sind, ist die Höhe der dortigen Zinssätze für die lateinamerikanischen Schuldnerländer von großer Bedeutung. Angesichts eines gegenwärtigen (und wohl auf absehbare Zeit nicht wesentlich reduzierbaren) jährlichen Defizits des US-Staatshaushalts von 200 bis 300 Milliarden Dollar werden die US-Zinssätze wahrscheinlich hoch bleiben. Damit wird es für Mexiko praktisch unmöglich sein, in den nächsten Jahren seine Zahlungsverpflichtungen zu erfüllen, es sei denn um den Preis noch einschneidenderer Sparmaßnahmen im Innern, die die Gefahr sozialer Konflikte heraufbeschwören würden. Schon jetzt muß Mexiko rund fünfzig Prozent seiner Exporterlöse für die Verzinsung und Tilgung der (1983) 89 Milliarden Dollar aufwenden, die es westlichen und japanischen Banken schuldet.[19] Zwar ist Mexiko bislang in der Lage, die harten Devisen zu verdienen, die es zur Rückzahlung seiner Schulden benötigt, aber seine Importe sind als Folge der Finanznot um siebzig Prozent zurückgegangen. Das Land befindet sich daher in einer Situation, in der die Einnahmen aus dem Export seines Öls, ursprünglich als Motor des sozialen Fortschritts gedacht, zur Schuldentilgung herhalten müssen; die Folge ist ein gefährlicher sozialer Problemstau. Falls die US-amerikanischen Zinssätze noch einmal ansteigen, würde dies automatisch zu einer drastischen Erhöhung der Kreditkosten führen, und dies wiederum könnte das, was in der Vergangenheit an sozialem Fortschritt und Wohlstand geschaffen worden ist, sehr schnell auffressen.

Was kann man tun? Es geht um ein Land, dessen Hauptstadt um das Jahr 2000 herum nach heutigen Schätzungen dreißig Millionen Einwohner haben wird, für die es (um nur ein Beispiel aus der Fülle der sich daraus ergebenden Probleme herauszugreifen) aller Voraussicht nach nicht genügend Trinkwasser geben wird. Wenn Mexiko auch nur erste Ansätze zu einer Eindämmung dieser Bevölkerungsexplosion (ein bis zwei Millionen Mexikaner pro Jahr strömen illegal über die Grenze in die Vereinigten Staaten) und zur Schaffung der benötigten Arbeitsplätze (es werden jährlich 700 000 gebraucht) unternehmen will, bleibt ihm nichts anderes übrig, als sich um eine großzügige Umschuldung zu bemühen. Möglichkeiten hierzu gibt es; sie gelten nicht nur für Mexiko, sondern lassen sich auch auf andere in Bedrängnis geratene Länder Lateinamerikas übertragen.

Zunächst einmal könnten wir die Kredite, die der mexikanische Staat beim US-amerikanischen Staat aufgenommen hat, abschreiben, d.h. diese Schulden einfach erlassen. Diese Maßnahme würde Mexiko eine sofort wirksame (wenn auch nur teilweise) Erleichterung bringen und das Land besser in die Lage versetzen, seinen anderen Verpflichtungen nachzukommen. Aber welche Auswirkungen hätte ein solcher Schritt auf die Vereinigten Staaten? Die unmittelbarste Folge wäre eine Vergrößerung des US-Haushaltsdefizits, was zweifellos die Bemühungen um eine Senkung der Zinssätze erschweren würde. Von noch größerem Belang wäre die Frage, was andere Gläubigerstaaten zu einer solchen Maßnahme sagen würden. Wenn die Vereinigten Staaten den Mexikanern ihre direkten Staatskredite erlassen, würden die Regierungen von Ländern wie Brasilien und Argentinien natürlich ein ähnliches Entgegenkommen fordern – und da es wirtschaftlich unmöglich ist, allen Ländern diese Schulden zu erlassen, müßten Kriterien ausgearbeitet werden, aufgrund derer die US-Regierung entscheiden könnte, welche anderen Länder noch in den Genuß einer solchen Amnestie kommen würden. Aber welche Kriterien könnten das sein? Der Stellenwert eines Landes für unsere nationale Sicherheit oder für unsere Wirtschaft? Die Bereitschaft der betreffenden Regierungen, die politischen Ziele der USA zu unterstützen? Ihr Umgang mit den Menschenrechten? So gehandhabt, würde ein Schuldenerlaß gefährlich nahe an ein Austeilen von Belohnungen und Bestrafungen herankommen, und das war noch nie eine gute Grundlage für die Pflege auswärtiger Beziehungen. Aus diesem Grund und wegen der Auswirkungen, die sich daraus für den US-Haushalt ergäben, scheint mir eine Staatsschulden-Amnestie weder eine realistische noch eine wünschenswerte politische Option zu sein.

Eine zweite Möglichkeit, die der US-Regierung offenstünde, wäre eine Änderung der Satzung der US-Notenbank, die es den US-amerikanischen Privatbanken erlauben würde, eine Stundung der Zinszahlungen zu gewähren, ohne die Lateinamerika-Kredite in der Bilanz als »bad debts«, d.h. als nicht realisierbare Forderungen, ausweisen zu müssen. Die neun größten US-Privatbanken haben, bei einem Eigenkapital von zusammen 27 Milliarden Dollar, allein an private und staatliche Gläubiger in drei Ländern – Mexiko, Brasilien und Argentinien – über 30 Milliarden Dollar verliehen. (Zusätzlich zu ihren Eigenmitteln arbeiten diese Großbanken oft mit Geldern, die aus

den Guthaben einer großen Zahl kleinerer regionaler Banken und Sparkassen aus allen Teilen der USA stammen.)
Wenn irgendeines der Schuldnerländer eines Tages seine Zinszahlungen unterbrechen oder einstellen müßte, dürften die entsprechenden Kredite nach geltendem US-Recht nicht mehr als »Außenstände« in die Bilanz eingehen; entsprechend würde sich der Jahresgewinn vermindern, und die Aktionäre müßten mehr oder weniger schwere Verluste hinnehmen.
Dazu käme, daß die Banken in dem Versuch, die solchermaßen entstandenen Verluste auszubügeln, vermutlich ihre Inlandszinssätze erhöhen würden. Daran erkennt man, daß die Fähigkeit oder Nichtfähigkeit der lateinamerikanischen Schuldnerländer, ihre Kredite zurückzuzahlen, wichtige Implikationen für alle US-Bürger und nicht etwa nur für Bankvorstände oder Großinvestoren in sich birgt – in der Tat wäre es, wenn man einmal vom schlimmstmöglichen Fall ausgeht, denkbar, daß die eine oder andere der am stärksten engagierten und damit am stärksten betroffenen US-Banken in Konkurs gehen müßte. Auch in einem solchen Fall würde die amerikanische Bevölkerung stark in Mitleidenschaft gezogen; gewiß, die Guthaben vieler Bankkunden wären durch staatliche Ausfallversicherungen abgedeckt, aber die Mittel, die aufgewendet werden müßten, um die Kunden zahlungsunfähig gewordener Banken zu entschädigen, gingen voll zu Lasten des Bundeshaushalts, und dies wiederum würde zu einer weiteren Zinserhöhung führen. Diese zugegeben wenig erfreulichen Folgewirkungen könnten vielleicht dadurch vermieden werden, daß man durch eine Gesetzesänderung den US-Banken die Möglichkeit eröffnet, nichthonorierte Kredite für längere Zeit gleichsam auf Eis zu legen, ehe sie als »bad debts« ausgewiesen werden müssen.
Auch eine Umschuldung bestehender Kredite zu dem Zweck, den Schuldnerländern längere Rückzahlungsfri-

sten zu verschaffen, würde diesen Ländern nicht helfen, ein längerfristiges und letzten Endes schwerer wiegendes Problem zu lösen, nämlich mit Exporten so viel harte Devisen zu verdienen, daß sie in der Lage wären, sowohl Wirtschaftswachstum zu erzielen als auch ihren – reduzierten und zeitlich gestreckten – Rückzahlungsverpflichtungen nachzukommen. Es ist nicht damit getan, ihnen neue Kredite zu gewähren, damit sie die alten zurückzahlen können; was not täte, wäre ein wirklicher »Ressourcentransfer«, der sie in die Lage versetzen würde, tatsächlich mehr Devisen einzunehmen, als sie ausgeben müssen. Wir müssen uns Programme einfallen lassen, die die Gewähr oder zumindest die Chance bieten, daß die Schuldnerländer nach Ablauf der ihnen eingeräumten »Gnadenfrist« günstigere Voraussetzungen zur Bewältigung ihrer Schulden vorfinden als heute. Wenn dies nicht gelingt, werden wir wieder vor dem gleichen unausweichlichen Dilemma stehen. Wir müssen einfach der Tatsache ins Auge sehen, daß die Länder Lateinamerikas ihren Zahlungsverpflichtungen, so, wie sie gegenwärtig festgelegt sind, nicht nachkommen können, weder heute noch morgen. Die bestehenden Kredite müssen also – und können auch – umgeschuldet werden. Felix Rohatyn hat beispielsweise den Vorschlag gemacht, die kurzfristigen, zu hohen Zinssätzen aufgenommenen Kredite in langfristige, entsprechend niedriger verzinste umzuwandeln. Zu diesem Zweck müßte eine neue Agentur geschaffen werden, die den Privatbanken die betreffenden Kredite »abkaufen« und dafür mit eigenen, niedrig verzinslichen Obligationen mit langer Laufzeit »bezahlen« würde. Andere, ähnliche Umschuldungspläne sind von anderen Experten zur Diskussion gestellt worden; sie alle gehen übrigens darin einig, daß die Lösung des akuten Schuldenproblems nur eine Vorstufe sein kann für die Schaffung wirtschaftlicher Stabilität (und nicht etwa umgekehrt). Wie Rohatyn schreibt: »Es genügt

nicht, zu sagen, der wirtschaftliche Aufschwung werde dieses Problem lösen, [denn] es kann sein, daß wir nie einen Aufschwung bekommen, wenn wir nicht zunächst das Problem lösen.«[20]
Es stehen noch weitere Möglichkeiten zur Verfügung, wie wir den Ländern Lateinamerikas helfen können, ihre Schulden besser in den Griff zu bekommen. Eine davon (die im Bericht der Kissinger-Kommission praktisch nicht vorkommt) wäre eine Revision der gegenwärtigen Handelspraktiken. In Lateinamerika entfällt traditionell ein sehr großer Teil des Wirtschaftsverkehrs auf den »intraregionalen« Handel, d.h. den Handel mit anderen Ländern derselben Region. In der Vergangenheit war es für die lateinamerikanischen Länder durchaus vernünftig und vielleicht sogar segensreich, mehr als fünfundzwanzig Prozent ihres Außenhandels gleichsam im eigenen Familienkreis abzuwickeln. Doch in den letzten Jahren ist aus dem Segen ein Fluch geworden. Aus dem intraregionalen Handel ist angesichts einer allerorten verheerenden Wirtschaftskrise ein Transfer von Gütern und Geldern aus einem zahlungsunfähigen Land in ein anderes geworden. Ohne eine Verstärkung der Exporte in andere Weltregionen, vor allem nach Japan und in die westlichen Industrieländer, werden die Volkswirtschaften der lateinamerikanischen Länder sich nicht erholen können.
Aber wie soll dies bewerkstelligt werden, da doch, wie der Volkswirtschaftler Jeffrey Garten geschrieben hat, »die Märkte des Westens und Japans sich unter Umständen sehr schwer tun werden, größere Mengen lateinamerikanischer Waren zu absorbieren«?[21]
Auch für dieses Problem liegen Lösungsvorschläge auf dem Tisch, die freilich eingestandenermaßen schwierig zu verwirklichen sein werden, nicht zuletzt aus, hier wie dort, innenpolitischen Gründen. Garten schlägt vor, die Vereinigten Staaten sollten als Gegenleistung dafür, daß sie

ihren Markt stärker für Exporte aus Lateinamerika öffnen, wirtschaftliche Zugeständnisse von den Ländern der Region fordern, beispielsweise »bessere Marktchancen für unsere Dienstleistungsindustrien, wie etwa für Computerfirmen und Versicherungsgesellschaften«. Solche Zugeständnisse würden freilich nichts daran ändern, daß einige US-Branchen die Liberalisierung des Handelsverkehrs mit Lateinamerika negativ zu spüren bekämen – aber Garten meint dazu: »Besser, diese amerikanischen Firmen zu entschädigen..., als das Geld direkt nach Zentralamerika zu pumpen.«[22] Solche handelspolitischen Initiativen müßten mit großer Vor- und Umsicht angepackt werden und würden wahrscheinlich Zeit brauchen: Geduld wäre sowohl von den USA als auch von den Lateinamerikanern gefordert.

Über mögliche Handelserleichterungen hinaus stellt sich immer wieder auch die Frage nach direkter amerikanischer Finanzhilfe. Natürlich würden US-Zuschüsse den lateinamerikanischen Schuldnerländern die Rückzahlung ihrer Schulden erleichtern. Aber wir müssen in dieser Beziehung Zurückhaltung üben – es besteht die Gefahr, daß Gelder, die direkt in die Staatskassen dieser Länder geleitet werden, nicht für die Zwecke verwendet werden, für die sie gedacht sind, sondern, um die wohl häufigste Form solcher Zweckentfremdung beim Namen zu nennen, auf privaten Konten landen. Um dem vorzubeugen, sollten Gelder immer nur in einer Höhe bewilligt und gezahlt werden, die dem unmittelbaren Bedarf des entsprechenden Landes für einen bestimmten, kontrollierbaren Zweck entspricht.

Die Vereinigten Staaten sehen sich also vor die Aufgabe gestellt, die Lösung der sehr realen sozialen und wirtschaftlichen Probleme Mexikos und der anderen lateinamerikanischen Schuldnernationen in Angriff zu nehmen, und sie täten klug daran, beides, die Probleme und die zur

Diskussion gestellten Lösungsvorschläge, nicht durch den ideologischen Filter der Revolutionsbewegungen Zentralamerikas zu sehen. Mexiko fühlt sich nicht von salvadorenischen oder nicaraguanischen Marxisten-Leninisten bedroht, sondern von der sich abzeichnenden Gefahr eines ausufernden Krieges. Wenn es zu einem solchen breiteren Konflikt in der Region käme, könnte Mexiko sehr leicht hineingezogen werden. Wie Carlos Fuentes mir erklärte: »Mexiko würde unter einen ungeheuren Erwartungsdruck geraten, sich bei einem [solchen] Krieg auf die Seite der USA zu schlagen, um nicht den Eindruck zu erwecken, es gewähre Revolutionären Zuflucht oder sympathisiere irgendwie mit Kräften, die in diesem Fall als unerbittliche Feinde der USA dargestellt würden. ... [Aber] wenn Mexiko sich in der Situation eines um sich greifenden Konflikts offen auf die Seite der USA schlägt, wird es seines nationalen Konsenses und seiner Legitimationsgrundlage verlustig gehen und ein Aufbegehren der Linken provozieren.« Falls Mexiko sich aber dafür entschiede, die Partei Nicaraguas – und damit mittelbar auch Kubas und noch mittelbarer der Sowjetunion – zu ergreifen, würde es sich die USA zum Feind machen, und die mexikanische Rechte würde rebellieren. Das empfindliche Gleichgewicht zwischen links und rechts würde gestört, die mexikanische Gesellschaft würde sich polarisieren. In diesem Fall wären es ironischerweise die Vereinigten Staaten selbst, die »von Norden her den Dominostein ins Wanken bringen würden«. Damit, so meint Fuentes, »würde Washington die vollendete Demonstration seines Hangs zur sich selbst erfüllenden Prophezeiung liefern: Mexiko zu destabilisieren aus lauter Angst vor einer Destabilisierung Mexikos«.[23]

Wenn die Vereinigten Staaten sich jedoch dazu bereit fänden, Mexiko freie Hand bei dem Versuch zu lassen, zusammen mit den anderen Staaten der Contadora-Gruppe friedliche Lösungen für die Region zu finden – womit man die Mexikaner auch vor der Versuchung bewahren würde, zu ihrem traditionellen Isolationismus zurückzukehren –, könnte Washington seine beträchtlichen diplomatischen und finanziellen Ressourcen dafür einsetzen, Mexiko und Costa Rica bei der Behebung ihres Schuldenproblems unter die Arme zu greifen. Die Bewahrung der Stabilität in der Region liegt schließlich ebenso im Interesse Mexikos wie in dem der USA. Schon heute leiden die südlichen Provinzen Mexikos unter der Flüchtlingswelle, die infolge der Guerillaaktivitäten in Guatemala über sie hereingebrochen ist und Unruhen in den Reihen der einheimischen Indianer auslösen könnte. Es ist einfach wichtig, sich zu vergegenwärtigen, daß die marxistischen Rebellen in Guatemala, falls es ihnen in nicht zu ferner Zukunft gelänge, ein linkes Regime in Guatemala City zu errichten, sich zunächst und vor allem anderen um einen Nichtangriffspakt mit Mexiko bemühen würden, so jedenfalls die Einschätzung eines hohen mexikanischen Politikers. Carlos Fuentes weist mit Recht darauf hin, daß, falls Mexiko unter dem Einfluß revolutionärer Umschwünge in der Region destabilisiert würde, es jedenfalls nicht eines der kleinen zentralamerikanischen Länder wäre, das den Dominostein ins Wanken brächte, sondern die USA selbst.

Wenn es gilt, eine Prognose zu treffen über die Entwicklung, die sich in Zentralamerika im Lauf des nächsten Jahrzehnts vollziehen könnte, so ist es zunächst einmal wichtig, eine Trennung zu vollziehen zwischen »hausgemachter« Revolution und sowjetisch gesteuerter Subversion. Die Vereinigten Staaten müssen endlich lernen, diese Unterscheidung zu treffen. Sie können es sich nicht mehr leisten, in dieser Region nur solche Veränderungen gutzuheißen, die mit dem Status quo konform gehen, d.h. die Vorherrschaft der USA in der Region nicht in Frage stellen. Sie müssen versuchen, Revolution in Stabilität zu überführen, anstatt Revolution um jeden Preis zu verhindern, und sie müssen dabei lernen, sich mit revolutionären Regierungen zu arrangieren, um zu verhindern, daß diese sich einseitig an die Sowjetunion anlehnen und von ihr abhängig werden. Der Wettbewerb zwischen den Supermächten um Einfluß in der Dritten Welt wird sehr wahrscheinlich in der westlichen Hemisphäre ausgetragen werden, und die tiefverschuldeten, politisch instabilen Länder Lateinamerikas werden dabei eine Hauptrolle spielen. Wir werden dabei Gelegenheit haben, unsere Reife unter Beweis zu stellen, indem wir zeigen, daß wir den Unterschied begriffen haben zwischen dem Versuch, aus dem Nichts heraus eine Demokratie aufzubauen, und der Festigung demokratischer Strukturen, wo diese bereits bestehen. Wir mißverstehen die Lehren der Geschichte, wenn wir aus ihr den Schluß ziehen, daß Demokratie in Zentralamerika ein Ding der Unmöglichkeit sei. In vielen Fällen, in denen sie beseitigt und totgesagt war, rappelte sie sich wieder auf – 1948 in Costa Rica, in den fünfziger Jahren in Guatemala, 1972 in El Salvador, 1979 in Nicaragua, 1981 in Honduras.

Wenn heute die »Glaubwürdigkeit« der USA auf dem Spiel steht, dann allenfalls wegen der Borniertheit ihrer Außenpolitik. Indem sie eine althergebrachte Tradition der Zusammenarbeit mit repressiven Militärregimen zur Aufrechterhaltung der Stabilität in Zentralamerika fortsetzen, erwecken die Vereinigten Staaten den Eindruck, sie hätten kein sonderliches Interesse an einer vorausschauenden Zukunftsplanung für Zentralamerika, die den Ländern mit nur schwach ausgeprägten demokratischen Strukturen die Möglichkeit geben könnte, sich zu konsolidieren, und den bereits gefestigten Demokratien die Möglichkeit, ihre Ressourcen zu entfalten. Wenn die Vereinigten Staaten ihre Bemühungen auf die Aushandlung von Sicherheitsgarantien für die Region konzentrieren würden, statt sich auf deren Militarisierung zu fixieren, würden sie vielleicht feststellen, daß ihre Glaubwürdigkeit dadurch nicht Schaden nähme, sondern vielmehr gestärkt würde, weil Freund und Feind dann anerkennen würden, daß Washington endlich wenigstens guten Willen beweist. US-amerikanische Machtpolitik sollte stets auf einer objektiven, das heißt nicht durch Vorurteile und Ängste verzerrten Einschätzung der amerikanischen Interessen beruhen. In dem Maße, wie die Politik der Vereinigten Staaten in dieser Beziehung zu wünschen übrigläßt, werden ihre Bündnispartner zu ihnen auf Distanz gehen und ihre Gegner sich freuen.

ANMERKUNGEN

ERSTER TEIL

1 *New York Times,* 9. Februar 1984, S. 19.
2 Quelle: *New York Times,* 11. März 1984.
3 Frederick Merk: *Manifest Destiny and Mission in American History* (New York 1963), S. 9.
4 Walter LaFeber: *Inevitable Revolutions* (New York 1983), S. 22.
5 Ebd., S. 23.
6 Ernest May: *The American Foreign Policy* (New York 1963), S. 63.
7 LaFeber, a.a.O., S. 19.
8 Merk, a.a.O., S. 16.
9 Zitiert nach Merk, a.a.O., S. 17.
10 Ernest May: *The Making of the Monroe Doctrine* (Cambridge 1975), S. 130 – 131.
11 Henry Stimson: *American Policy in Nicaragua* (New York 1927), S. 10.
12 Kenneth Bourne: *Britain and the Balance of Power in North America* (Berkeley 1967), S. 178.
13 Ebd., S. 182.
14 Ebd., S. 202.
15 Zitiert nach: Samuel Eliot Morison und Henry Steele Commager, *The Growth of the American Republic, 1865 – 1937* (New York 1940), S. 320.
16 LaFeber, a.a.O., S. 33.
17 Ebd., S. 37.
18 Ebd., S. 38.
19 Samuel Eliot Morison, Frederick Merk und Frank Freidel: *Dissent in Three American Wars* (Cambridge 1970), S. 72.
20 Ebd., S. 90.
21 Ebd., S. 95.
22 May: *The American Foreign Policy,* S. 145.
23 Ebd., S. 143.
24 Siehe Samuel Flagg Bemis in: Edward Buehrig, *Wilson's Foreign Policy in Perspective* (Bloomington, Indiana, 1957), S. 115.
25 LaFeber, a.a.O., S. 53.
26 Ebd., S. 51.
27 Loc. cit.

28 Siehe Richard L. Millett: *Guardian* (Manchester), 28. August 1983.
29 LaFeber, a.a.O., S. 66.
30 Eduardo Crawley: *Dictators Never Die* (New York 1979).
31 Zitiert nach: *Time,* 15. November 1948, S. 43.
32 Edward G. Miller: »Nonintervention and Collective Responsibility in the Americas«, *Department oft State Bulletin* 23 (15. Mai 1959), S. 768 – 770.
33 LaFeber, a.a.O., S. 107.
34 Loc. cit.
35 Nomination of John Foster Dulles, U.S. Congress, Senate Committee on Foreign Relations, 83. Kongreß, 1. Sitzung, 1953, S. 31.
36 Statements of Secretary John Foster Dulles and Admiral Arthur Radford, U.S. Congress, Senate Committee on Foreign Relations, 83. Kongreß, 2. Sitzung, 9. März und 14. April 1954, S. 18.
37 Stephen Schlesinger und Stephen Kinzer: *Bitter Fruit* (New York 1982).
38 Ebd.
39 Theodore C. Sorensen: *Kennedy* (New York 1965), S. 535.
40 Siehe »Oral History Interview«, Harry McPherson, Bänder Nr. 4 und 13, Lyndon B. Johnson Library, zitiert nach: LaFeber, a.a.O., S. 318.
41 LaFeber, a.a.O., S. 156.
42 Ebd., S. 202.
43 Ebd., S. 205.
44 *New York Times,* 14. Dezember 1983.
45 LaFeber, a.a.O., S. 269.

ZWEITER TEIL

1 *New York Times,* 28. Juli 1983.
2 Siehe Nestor D. Sanchez: »The Communist Threat«, *Foreign Policy,* Herbst 1983.
3 Siehe die Aussagen von Arturo J. Cruz, der von April 1980 bis März 1981 der Regierungsjunta angehörte und danach in der Überzeugung Nicaragua verließ, daß die Sandinisten im Begriff seien, die »demokratischen und pluralistischen Ideale« der Revolution zu verraten; in: »Nicaragua's Imperiled Revolution«, *Foreign Affairs,* Sommer 1983.
4 *New York Times,* 18. Juli 1983.
5 Ebd., 26. und 30. Juli 1983.
6 Ebd., 20. und 30. Juli 1983.
7 Siehe James Chace: »Getting Out of the Central American Maze«, *The New York Review,* 24. Juni 1982.
8 Siehe James Chace: »The Endless War«, *New York Review of Books,* 8. Dezember 1983.

9 *New York Times,* 27. November und 4. Dezember 1983.

10 Fred Ikle, seines Zeichens »Under Secretary of Defense for Policy« im Pentagon, stand den Zugeständnissen Managuas äußerst skeptisch gegenüber. »Es liegt in ihrem Interesse, das Ritual von Verhandlungen durchzuspielen«, erklärte er. »Kann man darauf vertrauen, daß sie sich an ein Abkommen halten würden? Wahrscheinlich nicht.« Zitiert nach: *Wall Street Journal,* 30. Dezember 1983.

11 Eine umfassende, mit höchster Geheimhaltungsstufe versehene Analyse der salvadorenischen Militärs verfaßte Brigadegeneral Frederick F. Woerner jr., Mitglied des *U.S. Southern Command* in Panama; er bekräftigte seine Erkenntnisse zwei Jahre später in Gesprächen mit einer Besucherdelegation des Kongresses. Siehe die *New York Times* vom 22. April 1983.

12 Ebd., 3. November 1983.

13 Ebd., 8. Januar 1984.

14 Ebd., 3. März 1984.

15 Ebd., 1. Februar 1984.

16 Siehe den »Rockefeller Report on Latin America«, Anhörung für den Unterausschuß für Angelegenheiten der Westlichen Hemisphäre des Ausschusses für Auswärtige Beziehungen. U.S. Senate, 91. Kongreß, 20. November 1969 (Washington 1970), S. 86. »Kurz gesagt, ein neuer Typ des Soldaten schiebt sich in den Vordergrund und wird oft zu einem wichtigen Motor für konstruktive gesellschaftliche Veränderungen in den amerikanischen Republiken. Aus einer zunehmend kritischeren Einstellung gegenüber Korruption, Ineffizienz und einer stagnierenden politischen Ordnung heraus ist dieser Soldat neuen Typs bereit, seine autoritäre Tradition in den Dienst fortschrittlicher gesellschaftlicher und wirtschaftlicher Ziele zu stellen.«

17 Alle Zitate aus: *The Report of the President's National Bipartisan Commission on Central America* (New York 1984).

18 Theodore Moran: »The Cost of Alternative U.S. Policies toward El Salvador«, in Robert S. Leiken, (Hrsg.): *Central America: Anatomy of a Conflict* (Elmsford, N.Y., 1984).

19 Alle Zitate ebd.

20 Siehe Chace: »The Endless War«, a.a.O.

21 Siehe die Reportage von Stephen Kinzer in der *New York Times,* 29. Januar 1984.

22 *Washington Post,* 29. Januar 1984.

DRITTER TEIL

1 Siehe James Chace: »Getting Out of the Central American Maze«, *New York Review of Books,* 24. Juni 1982.

2 *New York Times,* 28. Februar 1984.

3 Veröffentlicht (in spanischer Sprache) in: *Granma* (Havanna), 7. Oktober 1983.
4 Die Zahlen sind entnommen aus: »Background Notes Cuba«, U.S. Department of State, Bureau of Public Affairs, April 1983.
5 Castro in einer von Radio Havanna übertragenen Rede (in spanischer Sprache), 26. Juli 1983 – FBIS.
6 *New York Times,* 28. Oktober 1983.
7 Siehe Seweryn Bialer und Alfred Stepan: »Cuba, The U.S.' and the Central American Mess«, *New York Review of Books,* 27. Mai 1982.
8 Siehe den Artikel in der Londoner *Sunday Times* vom 23. Oktober 1983.
9 *New York Times,* 24. Februar 1984.
10 Ebd., 2. Februar 1984.
11 Ebd., 10. Februar 1984.
12 Siehe den Artikel in der Londoner *Sunday Times* vom 30. Oktober 1983.
13 Argumente für eine Machtteilung finden sich etwa bei Piero Gleijes: »The Case for Power Sharing in El Salvador«, *Foreign Affairs,* Sommer 1983. Siehe auch Robert W. Tucker: »Their Wars, Our Choices«, *New Republic,* 24. Oktober 1983.
14 Viron Vaky: »Reagan's Central American Policy: An Isthmus Restored«, in Leiken (Hrsg.), a.a.O.
15 *New York Times,* 24. Februar 1984.
16 Siehe »Honduras: Democracy in Demise«, veröffentlicht vom Washington Office on Latin America, Februar 1984.
17 *New York Times, 4. März 1984.*
18 Siehe den Leserbrief von McGeorge Bundy in *Foreign Affairs,* Herbst 1983.
19 Quellen: Weltbank; American Express Bank; UN-Wirtschaftskommission für Lateinamerika; Wharton Economic Forecasting, alles in: *New York Times,* Section F, S. 1, 11, März 1984.
20 Siehe Felix Rohatyn: *The Twenty Year Century* (Random House, New York 1983) Kapitel zwei. Siehe auch Jeffrey E. Garten: »The Big Debtors Try to Dig Themselves Out«, *Wall Street Journal,* 1. August 1983.
21 Garten, a.a.O.
22 Jeffrey E. Garten: »Aid in the Eighties«, *New York Times Magazine,* 25. März 1984.
23 Aus einem Interview mit Carlos Fuentes in: »New Perspectives«, Bd. I., Nr. 1, Winter 1983 – 84 (Institute for National Strategy, Los Angeles, Kalifornien).